高职院校产教融合实践与创新探索

孙志新　著

云南美术出版社

图书在版编目（CIP）数据

高职院校产教融合实践与创新探索／孙志新著. —
昆明：云南美术出版社，2023.11
ISBN 978-7-5489-5515-3

Ⅰ. ①高… Ⅱ. ①孙… Ⅲ. ①高等职业教育–产学合
作–研究–中国 Ⅳ. ①G718.5

中国国家版本馆 CIP 数据核字（2023）第 217782 号

责任编辑：洪　娜
责任校对：梁　媛　李　平　黎　琳
装帧设计：张田田
封面设计：寓　羽

高职院校产教融合实践与创新探索

孙志新　著

出版发行：云南美术出版社（昆明市环城西路 609 号）
制版印刷：昆明德厚印刷包装有限公司
开　　本：787mm×1092mm　　1/16
印　　张：6
字　　数：250 千字
版　　次：2023 年 11 月第 1 版
印　　次：2023 年 11 月第 1 次印刷
书　　号：ISBN 978-7-5489-5515-3
定　　价：45.00 元

前　言

随着经济全球化的深入发展，职业教育在人才培养中的重要性日益凸显。特别是在我国，随着产业结构的不断升级和经济转型的深入推进，高等职业教育作为连接产业与教育的重要桥梁，其发展愈发受到关注。在这样的大背景下，高等职业教育与产业的深度融合成了必然趋势，也是推动我国经济发展的重要动力。产教融合是高等职业教育培养高素质、高技能、实用型人才的重要手段，也是提升高职院校办学水平、推动社会经济发展的关键环节。

本书首先概述了高职院校产教融合，接着对高职院校产教融合的机制进行了全面分析，进而对高职院校产教融合的教学体系进行了深入探讨，最后，结合高职院校产教融合的实践，系统地阐述了高职院校产教融合的创新模式。希望通过本书的介绍，能够为读者在高职院校产教融合实践与创新方面提供帮助。

在本书的写作过程中，笔者参阅了相关文献资料，在此，谨向其作者深表谢忱。

笔者水平有限，若有疏漏，还请广大读者批评指正。

作　者

2023 年 10 月

目 录

第一章　高职院校产教融合概述

第一节　产教融合简述

一、产教融合的特性与类型

产教融合是指产业和教育之间建立紧密联系和相互依存的关系，通过产业的需求来引导教育的发展，同时通过教育的培养来满足产业发展的需要。产教融合的本质是将教育与产业有机结合，形成一种高度协同和互动的关系。

产教融合的定义可以从两个层面来理解。从宏观层面看，产教融合是一种社会发展战略，旨在促进产业升级和教育质量提升。它既有利于提高产业的创新能力和竞争力，又有助于培养具备实践能力和创新思维的高素质人才。从微观层面看，产教融合是一种实践活动，包括产业与教育机构之间的合作，以及学生在产业实践中的参与。

（一）产教融合的特性

产教融合作为一种新兴的教育模式和产业发展策略，具有以下几个显著的特性。

1. 双向互动性

传统的教育体系往往注重知识的传授和学生的理论学习，而在产教融合模式下，教育和产业之间实现了双向互动。教育机构可以基于产业的实际需求调整课程设置，提供更加贴近产业的教育内容；同时，产业界也可以提供实践机会和职业导师，帮助学生将所学知识应用到实际工作中。

2. 注重实践性教育

与传统的理论教育相比，产教融合更加注重学生的实践能力培养。通过与产业合作，学生可以参与真实的工作项目，接触真实的工作环境，并在实践中不断提升自己的专业能力和职业素养。这种实践性教育有助于缩小学生与就业市场之间的鸿沟，提高学生的就业竞争力。

3. 产学研一体化

在传统的教育体系中，教育、产业和科研往往是相对独立的，彼此之间缺乏紧密的联系。而在产教融合模式下，教育、产业和科研实现了有机的融合，形成了产学研一体化的创新生态系统。学校、企业和科研机构可以共同开展研究项目，共享资源和成果，促进科研成果的转化和产业的升级。

4. 重视人才培养全过程

传统的教育体系往往将培养重点放在学生的理论知识和学习能力上，而在产教融合模式下，人才培养的全过程都得到了重视。从招生、培养到就业，整个教育过程都与产业需求相结合，旨在培养能够适应现代产业发展需求的优秀人才。

（二）产教融合的类型

产教融合的类型多种多样，不同类型的产教融合能够满足不同层面、不同领域的需求，促进产业与教育的深度融合。

1. 基于行业需求的产教融合

随着社会经济的发展，各个行业对人才需求的变化较为迅速，因此，教育可以通过与特定行业密切合作，根据该行业的实际需求来确定人才培养方案和课程体系。例如，在高新技术产业领域，可以通过建立产业技术研究院和企业创新实践基地，为学生提供实践机会，同时促进产学合作，提升科技创新能力。

2. 基于职业能力培养的产教融合

现代职业教育的目标是培养学生的实际应用能力和职业素养，因此，产教融合可以以职业能力培养为基础，通过建立实训基地、模拟实景场景等方式，提供给学生真实的职场体验和实践机会。通过产教融合的方式，学生能够直接参与实践，了解行业内部运作，提升职业技能和竞争力。

3. 基于学科交叉的产教融合

在一些综合性高校中，学科交叉是一种重要的培养模式，通过不同学科的融合，培养跨学科的复合型人才。基于学科交叉的产教融合能够培养出具备多学科知识和能力的人才。这种类型的产教融合注重学科之间的协同合作，通过合作开设跨学科课程、组织跨学科团队项目等方式，促进学科的交叉学习和交叉应用，以及培养相关产业的复合型人才。

4. 基于地域特色的产教融合

不同地区具备不同的产业资源和特色，因此，产教融合也需要依托地域的发展需求和特点进行定制化。在地域特色的产教融合中，学校与当地企业密切合作，充分发挥地域资源，推动产业发展和人才培养。例如，在旅游产业发达地区，产教融合类型可以通过实地参观、实习等方式，让学生深入了解当地旅游业的运营和管理。

产教融合的类型多种多样，并且可根据不同的需求和目标来选择不同的类型。产教融合的类型在不同领域和层面的应用，为产业发展和人才培养提供了更多的可能性和机会。因此，在推动产教融合的过程中，需要根据具体情况和需求，选择适合的类型，以实现更好的产学深度融合。

二、产教融合的作用

(一) 提高教育质量和效率

产教融合是当今教育领域的一个重要理念，旨在通过将产业与教育相结合，提高教育的质量和效率。在产教融合的框架下，学校与企业之间建立起密切的合作关系，通过共同设计和实施教育项目，实现双方的互利共赢。在实践中，产教融合从以下几个方面提高了教育的质量和效率。

产教融合促进了教育教学与实践相结合。传统的教育教学往往停留在理论层面，缺乏实践环节的支持。而通过与企业合作，学生可以参与真实的产业项目，将所学知识应用于实际情境中。这种实践性的教学模式能够更好地培养学生的实际操作能力和创新创业意识，提高教育的实效性。

产教融合促进了教育资源的共享与整合。学校和企业在资源方面具有互补性，通过充分利用双方的资源，并进行有效整合和协同，可以实现优势互补，提高教育资源的综合利用效率。例如，学校可以借助企业的实践基地和实验设备，为学生提供实际操作的机会；而企业可以从学校中获取高素质的人才和前沿的科研成果支持，实现人才培养和创新发展的双赢局面。

另外，产教融合还能促进教育教学过程的灵活性和多样化。在传统的教育模式中，学生的学习路径和内容通常是固定的，缺乏个性化和多元化的特点。而在产教融合的框架下，学生可以根据自身兴趣和能力进行选课和实践，实现个性化学习的目标。同时，企业的参与也能够带来更多实践案例和行业经验，丰富教学内容，提高学生的实践能力和适应性。

产教融合对提高教育质量和效率具有显著的作用。通过实践性教学、资源共享和多样化教学等方式，产教融合能够使教育更加贴近实际需求、培养复合型人才，为学生和社会提供更多发展机会，推动教育事业的进步和社会经济的发展。因此，我们应当积极推动产教融合的实践，不断探索和创新，提升教育质量和效率，为社会发展做出积极贡献。

(二) 促进产业结构优化

产业结构优化是产教融合的重要作用之一。产教融合通过紧密结合产业需求和教育培养的目标，推动产业结构的调整和升级。首先，产教融合能够促进产业结构的优化，使其更加符合市场需求和经济发展趋势。如今，产业结构的转型升级迫在眉睫，通过产教融合，产业能够更好地了解市场的需求，并根据需求进行产业结构的调整。

产教融合能够促进创新创业和新兴产业的发展，推动产业结构向高技术、高附加值领域转型。随着科技的不断进步和经济的快速发展，传统产业面临着严峻的挑战。通过将教育和产业紧密结合起来，产教融合能够培养出更多具有创新精神和创业意识的人才，为新兴产业的发展提供人才支持和技术支持。产教融合还能够促进知识的流动和共享，加速技术创新及其传播和应用，进一步推动产业结构的优化和升级。

另外，产教融合还能够促进产业集聚和区域经济的发展。通过将教育资源和产业资源有机结合起来，产教融合能够形成产业集聚效应，吸引更多企业和人才汇聚到特定区域。这种聚集效应能够促进产业的集聚发展，提升区域经济的整体竞争力和发展水平。同时，产教融合还能够带动相关产业的发展，形成产业链条和价值链条，进一步激发区域经济的发展潜力和动力。

（三）提升区域经济发展水平

区域经济发展是每个地区都追求的目标，而产教融合作为一种新型的合作模式，对于提升区域经济发展水平起到了推动作用。

1. 为地方经济带来了更多的创新力量

通过产业与教育的深度融合，大量的创新资源得以激发和释放。学校的科研成果可以直接应用于产业发展中，企业的实际需求也可以引导和促进学校的科研方向。这种紧密衔接的合作模式有效地推动了区域经济的创新能力，从而提升了区域经济发展水平。

2. 有助于优化区域产业结构

通过产业与教育的资源共享和互动合作，在区域经济发展中实现资源的优化配置和产业结构升级。教育机构可以根据区域产业的需求，调整专业设置和课程内容，培养适应产业发展需要的人才。而企业也可以通过与教育机构的合作，获得人才的培训和技术支持，从而提高自己的竞争力和创新能力。这种有效的资源整合和协同合作，有助于推动区域产业结构的优化和升级，从而提升整个区域的经济发展水平。

3. 促进区域经济的对外交流与合作

通过与高校、研究机构的合作，企业可以拓展与国内外合作伙伴的联系，开展技术创新、产品研发和市场开拓等合作项目。这不仅有助于提升企业的国际竞争力，还可以吸引外来投资和人才资源，推动区域经济的对外开放和发展。产教融合的这种对外合作与交流，为区域经济提供了更多的发展机遇和动力。

（四）培养高素质人才

产教融合旨在培养高素质的人才，以满足经济社会发展的需求。在产教融合模式下，高校与企业密切合作，通过开展校企合作项目，打破传统的学院壁垒，为学生提供更广阔的实践机会和实际工作经验，从而培养出更加适应社会需求的高素质人才。

在产教融合模式下，高校与企业共同参与人才培养的过程，通过共建共享的教育资源，为学生提供更多样化、实用性更强的教育内容。学生在实践中可以学到更多的实用知识和技能，不仅有助于提升学生的就业能力，更重要的是有助于学生的创新思维和实践能力培养。只有通过实践，才能真正对所学知识进行巩固和应用，培养出具备创新精神和实践能力的高素质人才。

高校与企业的合作关系还能够帮助学生提前了解企业的运营机制和行业内的规则。通过与企业合作开展实践项目，学生可以直接接触到真实的工作环境和企业文化，了解企业内部的运作流程以及行业的发展趋势。这样的实践经验不仅能够提高学生的就业竞争力，还有助于学生在未来的职业发展中更好地把握机遇，取得更好的成绩。

产教融合模式在培养高素质人才方面起到了重要的作用。通过与企业紧密合作，高校能够为学生提供更实用、更贴近实际的教学内容和实践机会，培养出适应社会需求、具备实践能力和创新精神的高素质人才。这种人才培养模式不仅有利于学生的就业和职业发展，也能够促进产业的技术创新和经济发展。因此，加强产教融合，培养高素质人才，应成为高校和企业共同努力的方向。

三、产教融合的意义

(一) 对于教育发展的意义

产教融合可以提供实践机会和实践场所，为学生提供更加实际和实用的学习体验。通过与产业紧密结合，学生能够在真实的工作环境中学习，并将所学的理论知识与实践技能相结合。这种实践性教育不仅能够增强学生的专业素养，还能够培养其解决实际问题的能力和创新能力。

产教融合可以促进教育与实际需求的有效对接。随着科技的快速发展和产业的不断变革，传统的教育往往跟不上社会的变化和需求。而通过产教融合，教育机构可以与企业和产业密切合作，了解其实际需求，并及时调整和优化教学内容和方法。这样不仅能够提高教育的质量和实效，也能够使教育更加贴近社会和产业的发展需要。

产教融合还能够为教育提供更多的资源支持。在产教融合的模式下，教育机构和企业可以进行资源共享和合作，例如共享实验设备、共同开发教材、共同组织学生实习等。这样，不仅能够充分利用和优化资源，还能够激发创新和合作的潜能。通过产教融合这种合作共赢的方式，教育机构和企业能够共同培养高素质的人才，提升整个社会的创新能力和竞争力。

总之，产教融合对于教育发展具有重要的意义。通过提供实践机会和实践场所，促进教育与实际需求的对接，以及提供更多的资源支持，产教融合能够使教育更加实际、贴近社会和产业的需要，并培养具备创新能力和实践能力的高素质人才。因此，进一步推动和加强产教融合的实践，对于促进教育的发展和提高社会的整体素质具有重要的意义。

（二）对于产业发展的意义

产教融合能够实现产业与教育的有机结合，促进技术和知识的共享。在当前创新驱动发展的时代，产业需要不断引进新技术、新知识来推动自身发展。而教育机构则具备丰富的知识资源和研究成果，通过与产业进行融合，可以实现双方的优势互补。产业可以利用教育机构的研究成果来提升自身的创新能力，而教育机构也能够通过与产业合作，更好地将理论知识转化为实践应用，增强教学的针对性和实践性。

产教融合有助于培养适应产业需求的高素质人才。随着产业的快速发展和技术的进步，对于人才的需求也在不断变化。通过产教融合，教育机构可以更加及时地了解产业的需求，调整教学内容和方法，培养出更加符合实际需要的人才。产业也可以通过与教育机构的合作，提供实际问题和场景，使学生在实践中不断提升综合能力、培养创新精神。这样的人才培养模式，能够更好地满足产业发展的需要，推动产业结构升级和创新能力提升。

此外，产教融合还有助于加强产业间的合作与竞争。随着全球化的深入，产业之间的竞争越来越激烈。通过产教融合，不同产业之间可以进行合作，形成产业链条，并共同推动整个产业生态系统的健康发展。各个产业的企业可以通过与教育机构的合作，共同开展技术研发、解决共性问题，实现互利共赢。同时，产教融合也可以促进产业之间的竞争，推动各个企业不断提升技术和服务质量，提高整个产业的竞争力。

（三）对于经济发展的意义

产教融合通过促进技能培养和创新培养，为经济发展提供了源源不断的优秀人才。通过与产业相结合的教育模式，学生可以接受实践性的教育，培养实际操作能力和应用能力，满足市场对各类人才的需求，这不仅有助于提高企业的生产效率和竞争力，还能够为社会经济的发展注入新的动力。

产教融合对于经济发展的意义还体现在促进产业创新和科技进步方面。通过产教融合的方式，高校与企业之间可以开展技术研发、技术转化等合作，加强科技创新能力。高校可以提供科研平台和人才支持，为企业的技术改进和新产品研发提供支持，同时也能够收集市场需求，引导科研方向，推动科技进步。这种合作模式的产生和发展，显著提升了企业的创新能力和市场竞争力，对于经济社会的发展具有重要推动作用。

另外，产教融合对于实现产业结构升级和经济转型升级也具有积极意义。通过与高校的合作，传统产业可以借助高校的专业知识和创新资源，进行技术改造和创新。这样一来，旧产业可以实现转型升级，提高产业附加值和竞争力，推动产业结构的调整和优化。在新兴产业方面，高校的专业培养和科研能力可以为新兴产业的发展提供强有力的支持，推动新技术、新产业的快速发展。

产教融合对于经济社会的发展具有重要意义，因此，我们应当充分认识到产教融合的重要性，不断完善和推进产教融合的相关政策和机制，为社会经济的可持续发展做出积极贡献。

第二节　产教融合的理论依据

一、经济发展理论

（一）经济发展理论简述

经济发展理论是从经济学角度对经济增长和社会进步的现象进行解释和研究的理论体系。它探索了经济发展的原因、进程和影响，并为经济策略的制定提供了理论参考。

产教融合是一个追求产业与教育相互融合，实现共同发展的创新实践。经济发展理论为产教融合提供了理论依据和支撑。第一，经济发展理论强调产业升级和创新的重要性，这和产教融合的目标是一致的。通过将产业和教育相互融合，可以促进产业的升级，提升产业的竞争力，从而推动经济的发展。

第二，经济发展理论强调人力资源的重要性。人力资源是经济发展的重要驱动力，也是产教融合的核心资源。通过产教融合，可以将教育和培训与实际工作相结合，培养符合产业需求的人才，提高人力资源的质量和素质，为经济发展提供有力支持。

第三，经济发展理论注重行业参与和合作，这也与产教融合的要求一致。通过产教融合，可以促进不同行业之间的交流与合作，加强产业链和价值链的衔接，形成共赢的合作模式。行业参与是产教融合的基础和前提，通过与行业合作，可以更好地理解行业需求，提升教育和培训的质量和针对性。

第四，经济发展理论还强调协同创新的重要性。产教融合的目的之一就是促进创新能力和创新环境的提升。经济发展理论提供了协同创新的思路和方法，为产教融合的实践奠定了基础。

经济发展理论为产教融合提供了理论依据和支持。通过深入研究经济发展理论，我们能够更好地理解产教融合的意义和价值，为实践中的产教融合提供指导。进一步探讨经济发展理论在产教融合中的应用，将有助于拓展我们对产教融合的认知，并为产教融合的实践提供有力支持。

（二）经济发展理论支持产教融合的论证

经济发展理论是支持产教融合的重要理论基础。首先，经济发展理论认为产业的持续发展和创新是经济增长的核心动力。产教融合正是通过将产业需求和教育培训相结合，促进教育与产业的有机衔接与互动，从而推动产业的升级与创新。从这个角度来看，产教融合符合经济发展的基本逻辑。

其次，经济发展理论强调人力资源的重要性，并提出了人力资源开发的观点。产教融合正是为了培养适应产业需求的高素质人才，将人力资源的开发与产业发展的需要紧密结合起来。通过产教融合，教育系统可以了解产业的岗位需求和技能要求，根据市场需求调整教学内容和培养模式，使学生毕业后能够迅速适应就业市场，提高人力资源的有效供给能力。

再次，经济发展理论还强调了行业参与的重要性。行业参与理论认为，引导产业参与教育培训可以提高培训质量、增加就业机会，并且减少教育与产业的脱节现象。产教融合正是通过行业参与的方式，使产业与教育紧密联系起来。行业可以提供实际的工作环境和实践机会，让学生去解决实际问题，这有助于学生实际应用所学知识，并增强他们的就业竞争力。

最后，经济发展理论中的协同创新理论也为产教融合提供了理论支持。协同创新理论指出，创新需要不同领域间的协同合作，只有各个领域之间的有效合作与协同，才能实现更大的创新效果。产教融合正是通过教育和产业之间的协同合作，促进知识和创新技术的共享，提高创新效率。教育系统可以提供专业的知识和技能，而产业可以提供实际的应用场景和创新需求，通过双方的合作，可以达到教育培训和产业创新的双赢效果。

二、人力资源开发理论

（一）人力资源开发理论简述

人力资源开发理论是关于如何合理开发和管理人力资源的一门学科。它关注人力资源在组织中的作用及其对组织绩效的影响。在产教融合中，人力资源开发理论发挥着重要的支撑作用。

人力资源开发理论强调人力资源是组织最重要的资本，是实现组织目标的重要驱动力。在产教融合中，学校和企业合作培养人才，就是基于对人力资源价值的认知，通过充分利用各方资源来培养适应社会需求的人才，以提高产业发展水平。人力资源开发理论指导下的产教融合可以更加充分地分析产业发展对人才的需求，提高人力资源的配置效率。

人力资源开发理论强调个体发展与组织发展的统一。它认为个体的成长和组织的发展是相互关联的过程，在产教融合中也同样如此。通过产教融合，学生在与企业的合作中接触实际工作，获得实践经验，提升职业素养和技能，进而为个人未来的就业和发展打下基础。同时，对于企业来说，与学校合作培养人才，也是推动组织创新和发展的重要方式。人力资源开发理论为产教融合提供了理论支持，使其能够更好地实现个体和组织的双重发展。

人力资源开发理论强调学习和发展的持续性。它认为学习是一个持续的过程，个体需要不断学习和提升自己，组织也需要持续发展和提升竞争力。在产教融合中，学校和企业的合作培养模式使得学生能够在实践中不断学习和适应变化的需求。而企业也能够通过与学校合作获取前沿的知识和技术，持续提升自身的创新能力和竞争力。人力资源开发理论强调学习和发展的持续性，为产教融合提供了理论支持。

（二）人力资源开发理论支持产教融合的论证

人力资源开发理论强调人力资源对于组织和社会的价值，并探讨了开发和管理人力资源的方法和原则。

人力资源开发理论注重培养和提升人力资源的素质和能力，旨在满足行业发展对高素质人才的需求。在产教融合实践中，通过产教融合的合作模式，学生能够在实际工作环境中接受培训和实践，与专业人士进行合作和交流，更好地提升自身技术和职业素养。这种实践与人力资源开发理论的目标相一致，都是为了提高人力资源的质量和能力，进而促进产业发展。

人力资源开发理论强调个体和组织的互动学习与发展。产教融合模式正是基于这一理论基础而提出的。其目标是通过行业与教育机构的紧密合作，实现知识与实践的有机结合，提供学生与行业互动的机会，以便拓展学生的知识和技能，培养他们解决实际问题的能力和创新思维。通过产教融合的实践，不仅学生得到了实际的锻炼，企业也能够从学生身上获取新鲜的思路和观点，实现双赢的局面。这与人力资源开发理论中的互动学习与发展理念完全契合，充分体现了该理论对产教融合的支持。

人力资源开发理论还强调人力资源开发与组织的协同发展。在产教融合中，教育机构与企业共同参与和协作是实现产教融合目标的关键。教育机构提供知识和培训资源，而企业提供实践机会和工作环境，双方共同通过协调与合作来提升教育质量和人力资源能力。人力资源开发理论中的协同学习与发展理念支持产教融合的合作模式，通过产业企业与高职院校互相借鉴和合作，实现人力资源的协同发展，促进产业的协同创新。

（三）人力资源开发理论在产教融合中的应用

在产教融合的背景下，人力资源开发理论具有重要的理论和实践指导意义。人力资源开发理论将个体和组织的发展与资源的有效利用相结合，强调人力资源的开发和培训对于组织和社会的可持续发展的重要性。在产教融合中，应用人力资源开发理论，可以提高产教融合效果，促进产业、教育和社会三者的良性互动。

人力资源开发理论在产教融合中强调个体的能力提升和知识创新。在产教融合的过程中，人才的培育和发展是至关重要的一环。通过组织内部或外部的培训、学习机会，能够提高人才在产业环境中的适应能力和技术水平。人力资源开发理论强调个体的自我学习和职业发展，培养跨学科能力和创新思维，使人才能够在产教融合中发挥更大的作用。

人力资源开发理论强调组织的学习和创新能力。在产教融合中，产业和教育机构需要进行有效的协同合作，共同推动创新和发展。运用人力资源开发理论中组织学习和知识管理的概念，强调组织内部和外部知识的分享与传递，能促进组织的创新和发展。在产教融合中，通过建立良好的学习和创新机制，可以实现产业与教育的有机结合，创造更多的机会和潜力。

人力资源开发理论注重社会的参与和共享。产教融合需要产业、教育和社会三者的积极参与和合作。人力资源开发理论鼓励建立产学研合作的平台和机制，通过共享资源和信息，实现产业发展和教育改革的双赢。

人力资源开发理论对于产教融合具有重要的意义和作用。在产教融合过程中，应用人力资源开发理论可以提高个体的能力和知识水平，促进组织的学习和创新，实现产业、教育和社会的共同发展。因此，在推动产教融合的实践中，我们应充分运用人力资源开发理论，不断探索适应新时代产教融合需求的创新路径和模式。

三、行业参与理论

（一）行业参与理论简述

行业参与理论是产教融合的理论依据之一，它强调了行业与教育体系之间的密切联系和合作交流。行业参与理论认为，只有通过与行业的深度融合和密切合作，教育体系才能更好地适应经济发展的需要，培养具备实践能力和专业知识的人才。

行业参与理论强调经济发展与教育之间的紧密联系。在市场经济条件下，经济的快速发展引发了对人力资源的需求，这就对教育提出了更高的要求。行业参与理论认为，只有了解和把握行业的发展趋势和需求，教育机构才能更准确地进行课程设置，培养出更具竞争力的人才。

行业参与理论强调人力资源开发与教育的紧密结合。人力资源是经济发展的重要因素，从行业角度出发，人力资源开发是一个持续的过程。行业参与理论主张，教育机构应与行业紧密合作，共同推进人力资源的开发和培养。通过与行业的深度合作，教育可以更好地了解行业的需求，并根据需求调整教育内容和教学方法，使教育更具针对性和实践性。

行业参与理论还将行业参与视为协同创新的重要手段。行业参与理论认为，只有教育和行业之间的紧密合作，才能实现协同创新，推动产学研融合的发展。行业的实际问题和需求可以成为教育的教学资源和研究课题，而教育的理论与实践经验则可以为行业提供创新思路和发展方案。

总之，在实践中，行业参与理论为产教融合提供了宝贵的指导和借鉴，促进了教育与产业的良性互动和共同发展。

（二）行业参与理论支持产教融合的论证

行业参与理论运用于产教融合中强调了行业对于产教融合的积极参与和支持的重要性，同时也突出了行业参与对于实现产教融合的效果和成果的关键性作用。

行业参与理论强调了行业的角色与主体作用。行业是产教融合的重要主体之一，拥有丰富的行业资源和专业知识。行业参与能够帮助教育机构更加贴近实际需求，为学生提供更加实用的教育内容和技能培训。行业参与也可以促进产业结构的优化和升级，提升整个产业的竞争力和创新能力。

行业参与理论强调了行业与教育的深度融合。行业参与并不仅仅是简单的合作或者支持，而是要实现资源共享、深度合作和良好互动。行业参与可以通过联合设立实训基地、共同开展科研项目、合作开发职业教育课程等形式，实现教育和行业的有机结合。行业参与的深度融合，不仅能够提高教育的实效性和应用性，还可以帮助学生更好地适应行业需求和就业市场的变化。

行业参与理论强调了产教融合的可持续发展。行业参与不仅仅是一时的合作，而是要实现长期稳定的合作关系，推动产教融合的可持续发展。通过建立行业与教育的长期合作机制和平台，可以实现持续的资源共享和互利共赢。行业参与的持续性，可以为教育机构提供稳定的专业指导和支持，同时院校也为行业提供持续的人才供给和技术支持。

四、协同创新理论

（一）协同创新理论简述

协同创新理论强调的是不同实体之间基于互利共赢的原则，通过资源共享、技术交流和知识传递，合作与协作促进各方的创新能力提升和竞争力增强。

其一，协同创新理论强调的是多方参与者之间的合作与共享。在产教融合中，不仅仅是学校和企业之间的合作，还包括政府、社会组织以及其他利益相关者的积极参与。协同创新理论拓宽了参与者的范围，提倡各方共同面对挑战、共享资源、共同解决问题，从而推动产教融合的发展与创新。

其二，协同创新理论强调的是资源的整合与共享。在产教融合中，不同实体拥有各自的资源和优势，通过协同创新的方式将这些资源进行整合和共享，可以实现互补和增效。例如，学校可以提供先进的专业知识和研究成果，企业可以提供实际的生产环境和行业需求，政府可以提供政策支持和资源调配。通过各方资源的共享，可以形成产教融合的合力，实现创新与升级。

其三，协同创新理论强调的是知识的传递与交流。知识的传递不仅仅是在学校和企业之间的单向传递，而是通过双向的交流与互动。学校可以将学术研究成果转化为实际应用，而企业可以将实践经验和问题反馈给学校。这种双向的知识传递有助于加强双方的理解、合作和创新。同时，产教融合还可以借助行业组织和专业团体等平台，促进知识的跨界交流和共享。

协同创新理论为产教融合提供了理论依据和方法论。它为多方参与者之间的合作与协作提供了指导，推动了资源的整合与共享，促进了知识的传递与交流。因此，在产教融合的实践中，应该充分运用协同创新理论，发挥其推动产教融合发展和创新的作用。

（二）协同创新理论支持产教融合的论证

在协同创新理论中，强调了多方参与者之间的紧密合作与协作，以实现共同创新的目标。产教融合作为一种将产业界和教育界紧密结合的形式，能够促进知识和技能的交流与转化，正是符合了协同创新理论的核心要求。

协同创新理论倡导的组织外协同创新思想与产教融合的实践相契合。组织外协同创新指的是组织之间进行协作，以实现资源共享、优势互补、创新能力提升等目标。而产教融合正是企业和教育机构之间的紧密协作，通过建立合作关系、共同开展项目、共享资源，实现共同创新。这种协同创新的理论，能够推动企业实际问题与教育机构理论成果的结合，促进双方的共同发展。

协同创新理论中的资源共享观念与产教融合的特点相呼应。资源共享是指不同组织之间共享彼此的资源，以实现互利共赢。在产教融合中，企业能够提供丰富的实践场景和资源，例如实验室设备、生产线、市场渠道等；而教育机构则能够提供专业的知识和培训资源。通过资源的共享与互补，产教融合能够满足企业的人才需求，同时也能够拓宽学生的学习和就业机会。

协同创新理论中的知识转移与转化观念与产教融合的目标相一致。知识转移与转化是指将知识从一个组织或个体转移到另一个组织或个体，并进行利用和创新。在产教融合中，企业能够将自身的经验和实践知识分享给教育机构，推动教育机构将实践经验转化为理论积累；而教育机构能够将最新的学术研究成果传递给企业，促进企业的技术创新和提升。通过知识的转移与转化，产教融合能够实现企业和教育机构之间的互利共赢。

协同创新理论对产教融合的支持是强有力的。协同创新理论强调多方参与者之间的紧密合作与协作，而产教融合正是一种将企业和教育机构紧密结合的方式。通过组织外协同创新、资源共享和知识转移与转化，产教融合能够实现企业和教育机构之间的合作共赢，推动产业发展和人才培养的良性循环。因此，协同创新理论为产教融合提供了重要的理论支持，并在实践中得到了广泛的应用和验证。

（三）协同创新理论在产教融合中的应用

协同创新理论作为支持产教融合的理论依据之一，在实践中得到了广泛的应用和验证。通过协同创新，产教融合可以实现资源共享、优势互补、协同发展的目标，进而推动区域经济的发展和社会的进步。

1. 使产教融合更具开放性和灵活性

在协同创新的模式下，产业界与教育界之间的交流和合作更加开放，不受制于传统的行业边界和组织架构。这种开放性和灵活性使得产教融合能够更好地适应经济环境的变化和科技的发展，从而提供更具创新性和前瞻性的解决方案。例如，在产教融合中，企业可以参与到教育机构的课程设计和教学活动中，提供实际案例和经验分享，帮助教师和学生更好地理解和应用学习内容。教育机构也可以开设专门的培训课程，为企业员工提供理论和操作原理的培训，以满足企业的需求。

2. 强调了产教融合的共同目标和动力

在协同创新的过程中，产业界和教育界通过共同制定的目标和策略来推动产教融合的发展。双方共同面对的挑战和机遇，激发了双方的创新动力和合作意愿。合作双方的目标往往是共同的，即培养具备实践能力和创新思维的人才，实现资源共享，推动区域经济的发展。因此，协同创新理论能指导产教双方形成强大的合作动力，促进产教融合的深入发展。

在未来的发展中，我们应进一步发掘和研究协同创新理论在产教融合中的应用方向，为实现产业持续发展和教育进步提供更多的支持。

第三节 高职院校产教融合的特点

一、职业教育与产业对接

（一）职业教育与产业对接的原理

职业教育与产业对接的原理可以追溯到对教育目标的重新认识。传统的教育目标主要注重学生的学术能力和知识积累，而职业教育则强调培养学生的职业能力和实践能力。产业对接就是将职业教育与实际产业需求相结合，使学生能够顺利地就业和发展。

职业教育与产业对接的原理也涉及到对产业发展趋势的研究和分析。随着经济全球化和科技迅猛发展，各个行业都在不断变化和更新。因此，高职院校需要密切关注产业的发展趋势，了解产业的需求和要求，以便及时调整和更新自己的教学内容和方法，使学生能够适应未来职业的需求。

职业教育与产业对接的原理还包括教育与产业关系的相关研究。职业教育与产业对接的核心在于教育和产业之间的密切联系和合作。高职院校需要与产业界建立紧密的合作关系，共同开展教育活动和各类实践实习，以培养学生的职业素养和实践能力。这种合作关系的建立和发展，需要教育领域和产业界的相互理解、沟通和支持。

高职院校需要在原理研究的基础上，不断提升对职业教育与产业对接的理解和掌握，为学生的职业发展和社会需求做出积极贡献。只有通过深入研究和实践，才能更好地实现高职院校产教融合的目标。

（二）高职院校与产业的对接方式

高职院校与产业之间的紧密对接是促进产教融合的重要手段，既可以促进学校与产业之间的深度合作，也可以有效推动学生就业和产业发展之间的良性互动。在实际操作中，高职院校与产业之间存在多种对接方式，它们各具特点与优势，对于不同院校和产业的融合发展起着重要的作用。

1. 建立产学研合作基地

通过与产业企业建立合作基地，高职院校能够构建起一个桥梁，将学校资源与产业需求紧密连接起来。合作基地可以为学生提供实地学习的机会，使其能够更好地融入到实际工作环境中，培养实践能力和创新能力。同时，基地也为产业提供了技术支持和人才保障，促进了产业的创新发展。

2. 引入行业导师制度

高职院校可以邀请行业内的一线专家担任学生的导师，通过一线专家的指导，学生能够深入了解产业的要求和发展趋势。同时，导师也能够为学生提供实际案例和行业经验，帮助他们在学习中更好地将理论知识应用到实践中。通过行业导师制度的引入，高职院校能够搭建起学生与产业之间的桥梁，实现教育和生产劳动的有机结合。

3. 与产业企业共建实训中心

实训中心可以为学生提供更真实的实践环境，使他们能够更好地掌握实际操作技能，提高就业竞争力。与此同时，实训中心也为产业提供了有力的人才培养支持，满足企业对于技能型人才的需求。通过与产业企业共建实训中心，高职院校能够紧密对接产业，推动教育与产业的良性互动。

总之，高职院校与产业对接方式的多样性为促进产教融合提供了丰富的选择。建立产学研合作基地、引入行业导师制度以及共建实训中心等方式都能够有效推动高职院校与产业的紧密结合，促进创新能力与实践能力的培养。对于不同的高职院校和产业来说，选择适合自己的对接方式，将会为双方的发展带来相互的利益和推动力。只有通过不断深化产教融合，高职院校才能更好地为产业发展培养合格人才，为社会进步和经济发展贡献更大的力量。

（三）高职院校与产业对接的实例分析

在高职院校与产业的对接中，实际案例是一种有力的证明方式。通过分析一些典型的实例，我们可以更深入地了解高职院校与产业之间的合作方式、合作内容以及取得的成果。

案例一：某高职院校与当地一家龙头企业合作。高职院校与企业建立了长期稳定的校企合作关系，在合作中，他们共同开设一些特殊的课程，不仅提供企业实训基地让学生进行实践操作，还邀请企业技术人员定期来校进行技术培训。这种合作模式既提升了学生的实践能力，又满足了企业的技术人才需求，实现了双赢的局面。

案例二：某高职院校与某知名企业合作推出了一项创新创业项目。该项目旨在培养学生的创新能力和实践能力，通过学生团队开展市场调研、设计产品等活动，让学生真正参与到创新创业实践中。在项目进行的过程中，学生既接受了高质量的教育培训，也获得了宝贵的实践经验。企业也能从学生的创新思维中获得灵感，提升自身的创新能力。

案例三：某高职院校与某行业协会建立了紧密的合作关系。他们共同开展了行业研究、技能竞赛等活动，为学生提供了更多的实践机会和交流平台。引入协会的资源和行业经验，学生可以更加深入地了解行业发展趋势和需求，掌握更实用的技能。而行业协会也能从高职院校中挖掘出优秀人才，为行业的发展注入新血液。

二、教育和生产劳动相结合

（一）践行教育和生产劳动相结合的教育理念

在高职院校的产教融合中，教育和生产劳动相结合的教育理念的核心是将学生的学习与实际生产劳动结合起来，使学生在实践中获得真正的应用能力和实操经验。

教育和生产劳动相结合的教育理念强调学校教育与实际生产的紧密联系。传统的教育往往局限于课堂教学，并且课程内容与实际工作存在一定的脱节。而通过教育和生产劳动的相结合，可以突破这种脱节现象，实现教育与实际生产的互补和融合。学生可以在实际工作场景中学习和锻炼，与专业领域的实际情况相结合，提高学习的针对性和实用性。

教育和生产劳动相结合的教育理念强调学生的实践能力培养。传统教育注重理论知识的传授，而实践能力的培养常常被忽视。实践能力培养对于职业教育来说是至关重要的。通过与实际生产劳动的结合，学生可以在真实环境中进行实际操作和应用，不仅能够加深对理论知识的理解，更能够培养解决实际问题的能力。这些实践能力的培养使学生具备了真正的就业竞争力。

教育和生产劳动相结合的教育理念强调培养学生的创新能力。现代社会对人才的要求越来越高，创新能力成为衡量人才素质的重要指标。通过将教育与生产劳动相结合，可以为学生提供创新实践的机会和平台。在实际工作中，学生可能面对各种问题和挑战，在解决问题的过程中培养自己的创新思维和创新能力。这种创新能力的培养对于提高学生的综合素质和适应未来职业发展具有重要意义。

（二）教育与生产劳动融合的模式

在高职院校教育中，为了实现教育与生产劳动的有效融合，高职院校需要选择适合的融合模式。

一种常见的模式是通过实训基地的建设，使学生在校内进行与实际工作相关的生产劳动。这种模式的优势在于提供了真实的工作环境，使学生能够更好地了解和适应实际工作中的要求和挑战。通过与实际工作相结合，学生也能够更好地理解和应用所学知识，提高实践能力和解决问题的能力。

一种模式是与企业合作开展项目实践。通过与企业实施合作项目，高职院校可以提供给学生更加贴近实际工作的机会。学生可以参与真实的项目，并与企业员工一起工作，了解和体验实际项目的运作和管理过程。这种模式的优势在于能培养学生的团队合作能力、项目管理能力以及解决问题的能力，同时也增强了学生与企业之间的联系和合作意识。

还有一种模式是合作建设实习基地，将学生送往企业进行实习或实训。这种模式的特点是提供了更广阔的实践机会和更多样化的实践环境。学生可以亲身参与企业的生产劳动，接触真实的工作岗位和学习真实的工作流程。通过与企业的紧密联系，学生能够更直观地了解企业的需求和要求，进一步提高自身的综合能力和就业竞争力。

教育与生产劳动的融合模式选择应根据具体情况和需求进行合理的安排。不同的模式都可以为学生提供实践机会，培养实践能力和解决问题的能力。高职院校应根据自身实际情况和教育目标，选择适合的融合模式，并通过不断的实践与探索，不断完善和提升教育与生产劳动的融合效果。

（三）教育与生产劳动融合的挑战及其对策

在高职院校中，教育和生产劳动的融合既带来了许多机遇，也面临着一些挑战。下面将重点探讨教育与生产劳动融合面临的挑战，并提出一些对策以应对这些挑战。

人才培养模式的调整是教育与生产劳动融合中的一个重要挑战。传统的教育模式主要以传授知识为主，而在产教融合中，培养学生的实践能力和创新能力是至关重要的。这种转变需要教师和学生对教育方式进行调整和适应。因此，我们需要推动教师培训和学生学习方法的改革，并完善理论与实践相结合的教学模式。

校企合作的深入发展也是一个挑战。在教育与生产劳动的融合过程中，校企合作是至关重要的。但在实际操作中，存在一些困难。一方面，学校与企业之间的合作平台需要进一步完善和建立。另一方面，合作的过程中，涉及到教学资源共享、学生实习就业等方面的利益分配问题，需要各方面的协调。因此，建立良好的校企合作机制，加强合作双方的沟通和协调是必要的。

教师队伍建设也是面临的一个挑战。在教育与生产劳动的融合中，需要具备实践经验和专业知识的教师，来引导学生的实践学习，培养他们的创新能力。但目前存在一些问题，如教师的专业素养不足、实践经验不丰富等，制约了教育与生产劳动的融合。因此，加强教师的培训，丰富他们的实践能力和创新意识，是解决这一挑战的关键所在。

为了应对上述挑战，我们还可以采取一系列对策。首先，各高职院校加强对教师的培训和引进，提升他们的实践能力和专业水平。其次，建立起校企合作的长效机制，明确双方的责任和利益分配，促进合作的深入发展。再次，鼓励学生参与实践项目和创新竞赛，培养其实践能力和创新意识。最后，还需要加强教师与学生之间的沟通和合作，共同推动教育与生产劳动的融合。

总的来说，教育与生产劳动的融合既带来了机遇，又面临着挑战。通过采取合适的对策，我们可以有效地应对这些挑战，推动高职院校的产教融合进程，为学生的创新能力和实践能力培养提供更好的支持和保障。

三、重视创新能力与实践能力培养

（一）实施培养创新能力与实践能力的教育

创新和实践是当今社会所需的核心素质，也是高职教育的重要目标之一。为了更好地培养学生的创新能力和实践能力，高职院校实施了一系列有效的教育措施。

1. 开展项目驱动的教学

通过给学生提供真实的项目任务，激发学生的自主学习和创造能力。教师不再是传统教学的主导者，而是担任学生学习的指导者和监督者的角色。学生们会在实际项目中通过解决问题和合作实践来提高创新能力和实践能力。

2. 倡导实践教学

实践是培养学生实际操作能力和解决实际问题能力的重要途径。高职院校会将理论知识与实践环节结合起来，让学生亲身参与实际操作或实地实习。这种实践教学的方式可以增强学生的动手能力和培养他们的创新思维。

3. 开展创新创业教育

创新创业是现代社会中重要的发展方向，高职院校通过设立创新创业课程和开展创新创业实践活动，培养学生创新意识、创新能力和创业精神。学生们会接触到各种创新创业案例和实践机会，通过参与创新创业活动来锻炼自己。

4. 开展跨学科学习和实践

在现代社会中，遇到的问题常常需要综合运用多个学科的知识和技能来解决。高职院校通过开展跨学科学习和实践的方式，让学生在解决问题的过程中能综合运用相关学科的知识。这样的实践不仅能够提高学生的创新能力，也可以增强学生的实践能力和综合分析问题的能力。

高职院校通过以上几种教育措施，积极培养学生的创新能力与实践能力。这些措施的实施为学生提供了更加广泛的学习平台和实践机会，使他们能够在实际问题中运用所学知识，培养创新精神和动手能力。未来，高职院校在培养学生创新能力与实践能力方面还有着更大的发展空间，需要不断进行探索和实践。

（二）创新能力与实践能力的培养机制

在高职院校的产教融合中，十分重视培养学生的创新能力和实践能力。为了有效地实现这一目标，高职院校需要建立起科学合理的培养机制。

1. 注重课程设置的创新和实践性

课程设置应该注重学生的实践动手能力的培养，鼓励学生进行项目实践、实验操作、场地实训等实践活动，以便学生能够将所学知识与实际问题解决相结合，培养解决实际问题的能力。高职院校还可以引入跨学科的创新型课程，通过多个学科之间的交叉融合，培养学生的跨学科综合能力。

2. 建立有效的实践教学平台

实践教学是培养学生实践能力的重要环节。高职院校应积极与企业合作，与实际生产实践相结合，建立实验室、实训基地等实践教学平台，为学生提供充足的实践环境和机会。让学生在实践过程中的积极参与和实际操作，使其能够深入了解产业的实际运作，培养实际操作技能和解决问题的能力。

3. 加强创新和实践的指导

实践能力的发展需要引导和指导。高职院校可以设置专门的导师团队，由行业内的专业人士、企业高管等担任导师，指导学生进行项目创新、实践活动等。通过导师的指导和支持，学生可以在实践中获取更多的经验和知识，培养实践能力和创新能力。

4. 建立完善的评估机制

对创新能力和实践能力的培养效果进行评估是必不可少的。高职院校要制定明确的评估指标和评估方法，对学生的创新项目、实践活动等进行评估和考核。评估结果可以作为学生学业发展和就业竞争力水平的重要依据，为进一步改进培养机制提供反馈和指导。

（三）创新能力与实践能力的培养策略

为了培养学生的创新能力与实践能力，高职院校可以采取以下策略。

1. 注重理论与实践相结合

创新能力的培养需要学生不仅了解理论知识，还能够将其应用到实际场景中。因此，高职院校应该注重开展实践性教学活动，如实验课程、实训项目等，使学生通过实践来加深对理论知识的理解和应用，从而提升创新能力。

2. 推动跨学科合作和项目化教学

实际上，许多创新项目都需要涉及多个学科的知识和技能。因此，高职院校可以组织跨学科的合作项目，让学生在解决实际问题的过程中，学会合作、沟通以及跨学科思考方式。高职院校还可以将教学内容组织成具有项目性质的形式，让学生通过参与实际项目来进行创新学习。

3. 鼓励学生参与创新创业活动

创新能力和实践能力的培养需要学生具备积极的探索和实践精神。高职院校可以通过举办创新创业比赛、开展创业实践课程等方式，激发学生的创新意识和创业兴趣。这样，学生可以在实践中充分发挥自己的创造力，提升创新能力和实践能力。

四、校企合作育人

校企合作是高职院校产教融合的一个重要特点，通过与企业紧密合作，为学生提供更具实践性的教育环境。在高职院校产教融合实践中，高职院校与企业建立了紧密的合作关系，并共同运营一些教育项目，例如建设实训基地、实践工作坊等。这为学生提供了更多实际操作的机会，使他们能够更好地将所学的理论知识应用于实际工作中。

校企合作为学生提供了更贴近真实工作环境的教育平台。通过与企业进行实践合作，学生可以亲身参与企业的生产活动，了解企业的运作机制和实际情况。他们可以学习到实际工作中的技能和经验，更好地掌握专业知识，并培养解决实际问题的能力。这种真实的工作环境，可以使学生更加适应未来工作的需求，提高他们的就业竞争力。

校企合作也为学生提供了更多的创新机会。在与企业合作的过程中，学生可以接触到更多的先进技术和创新理念。他们可以参与到企业的研发项目中，与企业的工程师一起合作，共同解决技术难题。这种创新的经历可以激发学生的创新意识和创造力，培养他们在实际工作中提出新想法的能力。同时，学生还可以通过与企业合作，了解行业的市场需求和发展趋势，为未来的创业或就业做好准备。

在校企合作中，高职院校还积极与企业合作开展科研项目。通过共同开展科研项目，学校可以借鉴企业先进的研发经验和技术资源，提升科研水平。同时，企业也可以通过与高职院校的合作，获得专业知识和技术支持，推动企业的创新和发展。这种科研合作不仅能够为学校提供更多的研究资源和机会，还能够为企业提供创新的动力和技术支持，实现了双赢的局面。

第二章　高职院校产教融合的机制

第一节　高职院校产教融合的动力因素

一、高职院校产教融合的重要性

高职院校产教融合作为高职教育的重要创新举措，具有重要的意义和价值。首先，高职院校产教融合可以提高教育质量和学生的就业竞争力。随着社会对专业技能要求的不断提高，仅仅依靠传统的课堂教学已经无法满足学生的需求。通过和企业合作，学校能够获得先进的教学资源和真实的工作环境，使学生能够更好地掌握专业知识和实际工作技能，从而增加就业竞争力。

高职院校产教融合可以促进教师和企业之间的相互砥砺和提升。在产教融合的过程中，教师不仅仅是知识的传授者，更是学生的指导者和企业的合作伙伴。教师需要不断了解企业的需求和发展动态，增加自身的专业知识和实践经验，才能更好地指导学生的学习和实践。而企业也通过和学校的合作，获得了专业人才的输出和创新思维的引入，从而提升了企业的竞争力。

另外，高职院校产教融合还能够带动地方经济的发展。通过与企业的合作，学校可以为当地企业提供科研、创新和人才培养等方面的支持，推动地方产业的升级和转型。同时，学校与企业的合作还能够吸引更多的投资和资源，进一步促进地方经济的发展。这种双赢的合作模式将为地方经济的可持续发展奠定坚实基础。

总之，高职院校应当积极推进产教融合，发挥其重要作用，为社会培养更多的专业人才和创新能力强的人才。

二、市场需求与产业发展因素

通过对市场需求与产业发展的分析，可以更好地了解产业的现状和未来趋势，从而为高职院校的人才培养和就业需求提供参考。

市场需求是产业发展的基础。随着经济全球化和市场竞争的加剧，对人才的需求呈现多样化、专业化的趋势。不同产业领域对人才的需求具有差异性，一些新兴行业如绿色能源、人工智能和互联网金融等，对高技能、创新型人才的需求较为迫切。而传统制造业则更加注重技能型、应用型人才的培养。因此，高职院校需要准确把握市场需求的脉搏，调整专业设置和课程体系，以满足产业发展的需要。

市场需求的分析可以帮助高职院校对产业发展做出准确的判断。市场需求的变化往往能够直接反映出产业的发展方向和重点领域。通过分析市场需求，高职院校可以精确地了解不同产业的发展状态，从而为学生提供有针对性的培训和教育。

市场需求分析也可以帮助高职院校调整课程设置和专业设置。产业发展的需求不断变化，新兴行业的兴起和传统行业的转型都会对就业市场需求产生影响。高职院校需要根据市场需求的变化，及时调整开设的专业和课程，确保培养出与市场需求相匹配的人才。

市场需求分析还能帮助高职院校建立紧密的产学合作关系。通过深入了解市场需求，高职院校可以与相关企业建立起紧密的合作关系，共同开展实践教学和科研项目。这种合作模式可以促进产学之间的密切互动，加强高职院校教学与产业发展的有效衔接。

产业发展的状况也会对高职院校的人才培养和就业产生影响。产业的发展阶段不同，对人才的要求也会有所不同。例如，在初创期的产业，更加需要具备创新能力和创业精神的人才；而在成熟期的产业，更加需要具备实践经验和管理能力的人才。高职院校需要密切关注产业发展的趋势，灵活调整培养模式和教学内容，使学生的专业技能与产业需求紧密对接。

市场需求和产业发展状况是高职院校产教融合动力机制中重要的考量因素。通过深入分析市场需求和产业发展的现状和趋势，高职院校可以更好地适应市场变化，培养符合产业需求的人才，推动产业的不断发展。

三、人才培养与就业市场需求因素

(一) 高职人才培养现状

在当前的高职院校中，人才培养已经成为一项重要的任务。为了适应社会的发展需求，高职院校的人才培养重点也在不断进行调整和改革。其一，高职院校注重培养学生的实践能力。相比于传统的理论教学，高职院校通过开设实训课程和合作实习项目，学生能够接触到真实的工作环境，提前适应实际工作环境，掌握所学知识的应用。其二，高职院校注重培养学生的创新思维。在技术发展迅猛的时代，创新能力成为企业所需求的重要素质。因此，高职院校在人才培养过程中，注重培养学生的创造力和创新精神，通过开展创新创业课程和科研项目，激发学生的创新潜力。其三，高职院校注重培养学生的团队合作能力。现代企业越来越注重团队合作，高职院校为了适应企业发展的需求，注重培养学生的团队合作精神。通过组织团队合作项目和社团活动，学生能够学会与他人合作，增强团队合作能力。

高职人才培养也面临一些挑战。第一，高职院校与企业的合作需要进一步加强。虽然高职院校与企业的合作越来越多，但是与实际需求相比仍然存在一定的差距。一方面，高职院校的课程设置和教学内容不够贴近实际需求。另一方面，企业对于高职毕业生的要求也在不断变化。高职院校需要加强与企业的沟通与合作，及时调整人才培养方向，以更好地满足企业的需求。第二，高职人才培养还存在着一定的就业压力。随着社会经济的发展，高职毕业生面临着激烈的就业竞争。因此，高职院校需要提供更加全面的就业指导和支持，帮助学生顺利就业。也需要培养学生的创业意识和创业能力，鼓励学生自主创业，探索更多的就业方向。

高职人才培养现状既取得了一定的成绩，也面临一些挑战。高职院校应当不断改革和调整人才培养模式，重视学生的实践能力、创新思维和团队合作能力的培养。同时，加强与企业的合作，与企业保持紧密的联系，及时调整人才培养方向，以更好地满足企业和社会对人才的需求。此外，高职院校还应提供全方位的就业指导和支持，创造更多的就业机会。只有这样，高职院校的人才培养才能够更好地适应社会的发展需求。

（二）就业市场需求

在当今社会，就业市场对人才的需求日益广泛和多样化。高职院校作为培养职业技能人才的重要培养基地，必须密切关注就业市场的需求变化，以满足社会对各行业各领域人才的需求。

1. 对技术型人才的需求量不断增长

随着科技的迅猛发展，各行各业对于掌握先进技术的人才的需求量持续上升。例如，信息技术领域对于掌握数据分析、云计算、人工智能等技术的人才需求不断扩展。高职院校应当积极调整专业设置，加强与企业的合作，培养出更多技能型人才，以满足就业市场的需求。

2. 对创新创业型人才的需求逐渐增加

当前，创业热潮席卷全球，创新创业领域不断得到开拓。因此，就业市场对具备创新思维能力、具备创业精神的人才的需求也在上升。高职院校应当加强创新创业教育，培养学生的创新意识、创新能力和实践能力，为就业市场提供更多的创新创业型人才。

3. 对复合型、综合素质强的人才的需求越来越高

随着社会发展的进步，单一技能已经不能满足就业市场的需求。市场更加倾向于那些不仅具备专业技能，还具备良好的沟通能力、团队协作能力以及创新思维能力的复合型人才。高职院校应当优化课程设置，重视培养学生的综合素质，通过开设实践课程和社团活动等方式，培养学生的团队协作和创新能力，以满足就业市场对复合型人才的需求。

4. 对具备良好职业素养和跨文化交流能力的人才的需求也在不断增长

随着全球化进程的加快，越来越多的企业与国外企业开展合作，对于具备跨文化交流能力的人才需求量逐渐增加。高职院校应当加强职业素养教育，培养学生的职业道德、职业技能和职业观念，同时注重外语教学，提高学生的跨文化交流能力，为就

业市场提供更多具备良好职业素养和跨文化交流能力的人才。

就业市场需求是指导高职院校人才培养的重要依据。高职院校应当密切关注就业市场的需求变化，加强与企业的合作，调整专业设置，注重创新创业教育，培养复合型人才和具有跨文化交流能力的人才，以满足各行各业的人才需求。只有与市场需求相匹配，高职院校培养的学生才能更好地融入社会，并且为社会经济发展做出贡献。

(三) 人才培养与就业市场需求的匹配

在高职院校产教融合动力机制中，人才培养与就业需求的匹配具有重要意义。人才培养是高职院校的核心任务之一，而就业市场需求则是人才培养的重要依据。如何实现人才培养与就业市场需求的有效匹配，是当前高职院校产教融合需要解决的关键问题。

高职院校要建立健全的就业市场调研机制。通过及时、准确地了解就业市场的需求情况，高职院校能够更好地调整和优化人才培养方案，以符合企业和行业对人才的实际需求。这需要高职院校与企业、行业建立紧密的合作关系，共同开展市场调研，了解行业发展趋势和对人才的技能要求，为人才培养提供有力的指导。

高职院校要注重实践教学的改革。高职院校在人才培养中重视实践能力的培养，可以通过开设实训课程、组织实习实训等方式，使学生能够接触真实的工作环境，提高他们的实际操作能力和解决问题的能力。

高职院校还应注重学科专业的设置和调整。随着产业发展的变化，不同领域对人才的需求也在不断变化。因此，高职院校要及时调整相关学科专业设置，开设符合市场需求的新专业，同时对现有专业进行优化升级。只有在专业设置与就业需求保持紧密联系，学生才能更好地适应市场变化，增强就业竞争力。

另外，高职院校还可以加强与企业的合作。通过与企业合作，高职院校可以更好地了解企业的需求，同时为学生提供更多的实践机会和就业渠道，使他们能够在毕业后顺利就业。企业与高职院校合作也有助于共同促进技术创新与研发需求，进一步推动产教融合的发展。

人才培养与就业需求的匹配是高职院校产教融合动力机制中不可忽视的重要内容。通过建立市场调研机制、实践教学改革、学科专业调整以及与企业合作等方式，高职院校可以更好地实现人才培养与就业需求的有效匹配，积极推动高职人才培养与就业市场的良性互动。只有这样，高职院校的产教融合才能长远发展。

四、技术创新与研发需求因素

(一) 高职院校技术创新能力发展

高等职业院校作为培养应用型人才的重要阵地，必须具备较高的技术创新能力。技术创新能力不仅关乎学校自身发展，也直接影响着产教融合的质量和效果。

在师资力量方面，高职院校需要拥有一支高素质的教师队伍，他们拥有较深厚的学科知识、掌握专业技能。他们应该积极参与学术研究和创新实践，不断提升自身的学术水平和专业技能。只有这样，他们才能够更好地指导学生进行科技创新和研发活动，帮助他们养成独立思考和解决实际问题的能力。

高职院校需要重视建设和完善科研平台和创新实验室。这些平台和实验室应该具备先进的设备和仪器，能够支持学生和教师进行科研项目和技术创新的实践。此外，还可以建立和加强与产业界的合作关系，引入一批优质的企业资源和创新资源，为高职院校的技术创新提供更加广阔的空间和机会。

高职院校应该鼓励学生参与科研和创新实践活动。学生是高职院校技术创新的主体和重要力量。为此，学校应该积极培养学生的创新意识和创新精神，激发他们的创新潜能。可以通过组织科研项目、创新竞赛等形式，为学生提供展示和实践的平台，帮助他们将理论知识应用到实际问题的解决中。

高职院校还应该注重技术创新成果的转化和应用。技术创新的最终目标是将研究成果应用到实际生产和社会生活中，为社会发展提供新的动力和支撑。因此，高职院校应该加强与企业和产业界的合作，推动科研成果的转化和应用。可以建立创新创业基地，为学生和教师提供创业培训和创业支持，帮助他们将技术创新成果转化为实际的经济效益。

高职院校技术创新能力的发展需要从师资力量、科研平台、学生参与和成果转化等方面综合考虑。只有注重提升技术创新能力，高职院校才能更好地适应市场需求和产业发展的需要，为产教融合提供更好的动力和支持。

（二）研发市场需求

在高职院校的技术创新与研发过程中，了解并满足市场需求是关键。研发市场需求的分析可以帮助高职院校确定研发方向，提高技术创新的针对性和效果。

1. 了解市场需求

高职院校应该通过市场调研、行业分析和需求预测等手段，全面了解当前和未来的市场需求。包括了解市场规模、需求结构、竞争状况以及技术发展趋势等方面的信息。只有充分了解市场需求，才能确保研发的技术和产品能够符合市场的期望和要求。

2. 准确把握市场需求的变化趋势

市场需求是随着时代发展和技术进步而不断变化的，高职院校需要密切关注市场动态，及时捕捉变化趋势。例如，随着人工智能技术的快速发展，在智能制造、智能交通等领域的市场需求也会相应增加。通过与企业和行业合作，高职院校可以及时掌握市场需求的变化，并及时调整研发方向和内容。

3. 与企业合作进行需求对接

高职院校可以通过与企业的合作，深入了解企业的需求和面临的挑战，将企业的需求纳入到研发计划中。这种合作可以通过联合研发项目、技术对接会、实习实训等形式进行。通过与企业的紧密合作，高职院校可以更好地了解市场需求，并确保研发成果的实际应用和商业化。

4. 技术创新与研发需求的匹配

高职院校需要充分考虑技术创新的可行性和实际应用的可能性，将研发方向与市场需求相匹配。技术创新不仅仅是为了技术本身的突破，更重要的是为了满足市场需求，解决行业和社会面临的问题。高职院校在进行技术创新和研发时，要以市场需求为导向，注重与市场需求的对接和匹配，确保研发成果的实际应用和商业转化。

研发市场需求的分析对于高职院校的技术创新与研发工作十分重要。通过深入了解市场需求、把握市场变化趋势、与企业合作进行需求对接，并将技术创新与研发需求相匹配，高职院校能够更好地满足市场的期望和要求，推动产教融合的进一步发展。

（三）技术创新与研发需求的匹配

只有将技术创新与研发的方向与实际市场需求相结合，才能有效推进高职院校产教融合的深化发展。

需要深入了解市场需求和行业发展趋势。高职院校应积极与企业、行业协会等机构合作，通过市场调研和需求分析，了解当前和未来的技术需求。这样可以更好地确定技术创新的方向，确保研发的成果能够顺应市场需求，具有实际应用价值。

高职院校应加强与企业的合作，建立起稳定的产学研联合机制。通过与企业的合作，高职院校能够更好地了解企业的技术需求和研发方向。与企业合作开展技术创新和研发项目，可以借鉴企业的先进技术和创新经验，提升高职院校的创新能力。与企业的合作还可以为高职院校提供更广阔的研发市场，促进科技成果的转化和应用。

高职院校还应注重实践教学和学生的创新能力培养。通过开设实践课程、参与实际项目等方式，激发学生的创新思维和实践能力。加强与实际需求相结合的实践教学，使学生在实际操作中掌握和应用创新技术，为未来的科技创新和研发做好准备。

技术创新与研发需求的匹配也需要高职院校加强与科研机构的合作。通过与科研机构的深入合作，可以借助科研人员的专业知识和研发能力，提高高职院校的科技创新水平。而科研机构也可以通过与高职院校的合作，借鉴其实际应用经验和市场需求分析成果，推动科技成果的转化和产业化。

高职院校的技术创新与研发需求的匹配至关重要。通过深入了解市场需求、加强与企业和科研机构的合作，以及重视实践教学和学生的创新能力培养，高职院校可以不断提升自身的技术创新能力，培养适应市场的人才，并为社会经济发展做出贡献。

第二节　高职院校产教融合的运行机制

一、高职院校产教融合的课程体系建设

（一）高职院校课程体系现存的问题

目前，高职院校的课程体系存在一些问题，例如缺乏与产业需求的紧密对接、教学内容与实际工作不匹配等。这些问题直接影响着学生的实践能力培养和就业竞争力的提升。

现有的课程体系往往无法满足产业发展的需要。由于产业发展迅速变化，传统的课程设置往往存在滞后性，无法及时适应新兴行业的需求。这就导致了高职院校毕业生的就业能力与产业需求之间的脱节，影响了他们的就业竞争力。

课程体系中的理论与实践结合不足。高职院校注重学生实践能力的培养，但实践教学在课程设置中并没有得到充分考虑。大量时间被耗费在传统的理论教学上，导致学生在实际操作中缺乏经验和技能。

课程体系的创新力不足也是一个问题。过于重视课程体系的传统性和稳定性，导致了缺乏改革和创新的动力。面对产业升级和新技术的迅速发展，高职院校的课程体系缺乏创新元素，难以培养具备创新思维和实践能力的人才。

因此，在产教融合课程体系的建设中，需要采取相应的策略来解决这些问题。第一，应该加强与产业的对接，了解产业发展的趋势和需求，及时调整和更新课程设置。第二，要注重理论与实践的有机结合，通过实践教学的方式提高学生的实际操作能力。第三，要不断鼓励教师创新教学方式和方法，注重培养学生的创新能力。

在高职院校产教融合的课程体系建设中，课程体系现存的问题需要重视，只有充分认识到问题的存在，并采取相应的策略和措施，才能实现课程体系与产业需求的紧密对接，提高学生的实践能力和就业竞争力。

（二）产教融合课程体系的构建原则

产教融合课程体系的构建需要遵循一些基本原则，以确保产教融合的目标能够有效实现。

1. 与产业需求紧密对接

高职院校作为职业教育的主体之一，必须密切关注产业发展的实际需求。课程体系应紧密对接产业需求，强化对学生所需技能和知识的准确把握。

2. 要注重项目驱动

在产教融合课程体系的构建过程中，应以项目为驱动，重视实践与理论的结合。通过开展项目式教学，学生可以在实际问题解决中融入理论知识，并通过实践培养综

合运用能力。项目驱动的教学方法可以激发学生的创造力和创新思维，培养学生解决实际问题的能力和适应能力。

3. 强化实践环节

在课程体系的构建中，应注重实践环节的设置和拓展。通过增加实践教学的时间和机会，学生亲身参与到真实的工作环境中，并通过实践活动掌握实际操作技能。学校应积极与企业合作，提供实习实训平台，让学生接触真实的职业工作环境，增强自己的职业素养和实践能力。

4. 培养学生的终身学习能力

产教融合课程体系的构建应重视学习方法和学习能力的培养。学校应当培养学生的自主学习、团队合作、问题解决等能力，提供积极的学习环境和资源支持。与此同时，积极开展继续教育课程，为在职人员提供学习的机会和平台，以满足不同人群的学习需求。

总而言之，产教融合课程体系的构建需要紧密对接产业需求，注重项目驱动、强化实践环节，并培养学生的终身学习能力。这些原则将有助于提高学生的职业素养和实际应用能力，推动高职院校产教融合教育的有效实施。

（三）产教融合课程体系的建设策略

在高职院校中，产教融合课程体系的建设至关重要。为了有效地实现产教融合的目标，我们需要制定一系列科学合理的建设策略。

1. 紧密结合产业需求，进行前瞻性规划

高职院校应与相关产业部门建立紧密的合作关系，进行深入调研，了解产业发展趋势和技术需求。基于这些调研结果，学校可以制定有针对性教学，确保培养出与产业需求紧密契合的人才。

2. 采用多元化的教学方法和手段

传统的课堂教学往往不能满足产教融合课程体系的需求。因此，我们可以运用项目驱动、实践驱动和问题驱动等教学模式，通过开展实训实习、校企合作和社会实践等活动，培养学生的实践能力和解决问题的能力。

3. 加强师资队伍建设

产教融合课程体系的实施需要具备实践经验和产业背景的教师的支持。因此，学校应该积极引进具有产业背景和实践经验的教师，同时加强对现有教师的培训，使其能够适应产教融合的特点和需求。

4. 加强学校内外资源的整合与共享

高职院校应与相关企业、行业组织等建立广泛的合作网络，通过资源共享和合作

项目的开展，为学生提供丰富的实践机会和学习资源。同时，学校内部各专业之间也应该加强协作与交流，共享教学资源和经验，推动课程体系的综合发展。

5. 持续的评估与改进

学校应建立完善的评估机制，定期对产教融合课程体系进行评估，了解其实施效果和存在的问题，并及时进行改进和调整，确保课程体系与产业需求的紧密对接。

二、高职院校产教融合的实践教学体系

（一）实践教学体系现存的问题

实践教学在高职院校教育中是不可或缺的，它旨在通过学生参与实践项目或实际工作，培养学生的实际操作能力和解决实际问题的能力。然而，在目前高职院校的实践教学体系中存在一些问题需要关注和改进。

实践教学体系的组织和管理相对混乱。由于学校在实践教学方面的资源分配与整合不足，导致实践课程的开设和组织管理存在一定的困难。一部分实践课程缺乏专业性和实践性，无法真正满足学生的实践需求。另外，实践教学活动的时间安排和场地安排也存在问题，学生往往面临着时间冲突和场地不足的情况。

实践教学体系与产业需求之间存在一定的脱节现象。高职院校的实践教学体系需要与相关产业进行紧密的结合，以确保学生所学的知识和技能符合实际需求。目前实践教学体系中的实践项目和实践教学内容与产业需求之间存在一定的差距。一方面，一些实践项目无法全面了解和把握产业的真实需求；另一方面，一些产业的实际需求也没有得到充分考虑和体现。

实践教学体系的评估与反馈机制有待完善。实践教学的评估与反馈对于改进教学质量和提高学生能力至关重要。当前实践教学体系中的评估与反馈机制不够完善。一方面，对学生的实践表现进行评估的标准和方法缺乏一致性和科学性，无法准确反映学生的实际能力。另一方面，对实践教学项目和活动的评估反馈不及时，学生无法及时了解到自己的不足和进步，也无法及时调整学习策略和提升能力。

总结起来，实践教学体系现在存在组织和管理混乱、与产业需求脱节以及评估与反馈机制不完善等问题。针对这些问题，我们需要建立科学合理的实践教学体系，强化组织和管理，加强与产业的合作与沟通，建立健全的评估与反馈机制，以促进实践教学的持续发展，提升学生的实际能力。

（二）产教融合实践教学体系的构建原则

产教融合实践教学体系的构建需要遵循一定的原则，以确保其有效性和可持续性。

1. 注重产学交流合作

实践教学体系的构建应当以产学交流合作为核心，打破传统的校内校外界限，促

进学校与企业之间的紧密合作。学校应积极与企业沟通合作，了解企业的需求和问题，并在教学中针对实际情况进行调整和改进。学校应邀请企业代表参与教学过程，让其分享实际经验，提供实践机会，以增强学生的实践能力和对职业发展的认知。

2. 突出问题导向

实践教学体系的构建应当着重解决实际问题，培养学生解决问题的能力。实践教学的教学内容应贴近实际，注重学生在实践中的发现和解决问题的能力培养。教师应引导学生分析和解决实际问题，并通过团队合作和实际操作等方式培养学生的创新意识和实践能力。

3. 重视反思与评估

实践教学体系的构建应当注重教学过程的反思和评估。教师和学生应通过反思和评估，不断改进教学方式和方法，提高教学效果。教学过程中出现的问题和挑战应被视为教学的机会，通过反思和评估的过程，找出问题所在，改进教学策略，提高学生的学习效果和满意度。

4. 建立完善的管理机制

实践教学体系的构建需要建立完善的管理机制，确保教学目标的实现和教学质量的提高。学校应建立评估机制，对教学过程和教学效果进行评估，并及时采取措施加以改进。此外，学校还应加强对师资队伍的培养和管理，保证教师具备实践教学所需的专业知识和能力。

产教融合实践教学体系的构建应当注重产学交流合作、突出问题导向、重视反思与评估、建立完善的管理机制。只有在遵循这些原则的基础上，我们才能构建出具有实际应用价值的实践教学体系，为学生的职业发展提供有力支持。

（三）产教融合实践教学体系的建设策略

为了有效推进高职院校产教融合的实践教学体系建设，我们需要明确一些建设策略。首先，建立紧密的产教融合合作关系是至关重要的。高职院校应积极与企业进行合作，建立起稳定的合作关系，共同探索实践教学的创新模式。通过与企业的深度合作，可以让学生更好地接触到真实的工作环境，帮助他们更好地理解和应用所学知识。

其次，我们还需要注重教师的培养和专业发展。教师是产教融合教学体系的重要主导者，他们不仅需要具备扎实的专业知识，还需要不断提升自己的实践教学能力。因此，高职院校应制定相应的教师培训计划，提供各类培训和交流机会，让教师能够不断更新自己的教学理念和教学方法，以适应产教融合实践教学的需要。

再次，为了更好地构建产教融合实践教学体系，高职院校还应加强学生的实践能力培养。通过实践课程、实习、项目合作等方式，激发学生的创新精神和实践能力，让他们学以致用。高职院校应该提供充足的实践机会，鼓励学生在实践中思考和解决问题，培养他们的团队合作和组织能力。

最后，产教融合实践教学体系的建设还需要注重评估与改进。高职院校应建立健全的评估机制，定期对实践教学体系进行评估和反馈。通过评估结果，发现问题、改进方式，不断完善产教融合实践教学体系的建设。同时，高职院校应积极借鉴其他院校的成功经验，与其他院校密切合作，共同推进产教融合教育的发展。

总之，产教融合实践教学体系的建设策略包括建立紧密的产教融合合作关系、注重教师培养和专业发展、加强学生的实践能力培养以及评估与改进机制的建立。只有综合运用这些策略，我们才能够构建出真正适应现代产业发展需要的实践教学体系，并让学生真正受益于这一体系的建设。

三、高职院校产教融合的教学方法和手段

（一）教学方法与手段现存的问题

在高职院校的产教融合教育中，教学方法与手段的选择与应用起着至关重要的作用。当前，我们在教学过程中仍存在一些问题需要解决和改进。

教学方法与手段的多样性还不够丰富。在传统的教学模式中，教师主导教学，学生被动接受知识。这种单一的教学方式容易导致学生对知识死记硬背，缺乏实践能力的培养。因此，我们需要引入更多的主动学习方法和手段，如问题导向学习、案例分析、小组讨论等，激发学生的学习兴趣和动力。

教学方法与手段的应用还存在一定的局限性。尽管在产教融合教学中，我们注意通过实践环节来加强学生的实际操作能力，但存在的问题是实践机会和资源分配不够均衡。部分学校或课程可能仍然依赖传统的理论课堂教学，对实践环节的重视不够。因此，应该加强与企业的合作，扩大实习实训基地，提供更多的机会供学生实践。

教学方法与手段的质量和效果评估方面也存在一定的困难。虽然我们可以通过考试、实验报告等形式对学生的学习效果进行评估，但这些方式仍然难以全面准确地评估教学方法与手段的质量和实效。我们需要建立更为科学的评估体系，结合学生的实际表现和反馈意见，对教学方法与手段进行有效的评估和调整。

为解决这些问题，我们应该积极探索适合产教融合教育的教学方法与手段，并通过与实践结合，使学生能够真正获得知识和技能的深入理解和应用。这不仅需要教师具备创新精神和实践经验，还需要学校与企业之间的密切合作和资源共享。只有通过持续的改进和创新，我们才能够建设出高质量的产教融合教育体系，为学生提供更好的发展机会。

（二）产教融合教学方法的应用和实效

在高职院校产教融合教学中，合理选择和应用教学方法是确保教学效果的重要因

素。通过深入研究和实践，我们可以看到，产教融合教学方法的应用对于学生的学习成效和职业素养的培养都具有显著的实效。

一种重要的教学方法是项目驱动教学。这种方法将学习与实际项目结合起来，培养学生解决实际问题和完成实际任务的能力。通过与企业合作开展项目，学生能够在真实的工作环境中学习和实践，培养他们的团队合作能力和解决问题的能力。这种教学方法也能够培养学生的创新思维和实践能力，增强他们的就业竞争力。

基于案例学习的教学方法也是产教融合教学中常用的方法之一。通过让学生分析真实的案例，培养学生的分析思考能力和问题解决能力。学生通过对企业实际案例的研究，可以更好地了解企业运营和管理的实践情况，提升他们的实际操作能力和实践经验。这种教学方法能够激发学生的学习热情和主动性，培养他们的实践能力和创新能力。

产教融合教学还可以采用问题导向的教学方法。通过引导学生自主提出问题、分析问题并寻找解决方案，培养学生的问题解决能力和创新思维能力。学生通过解决在实际工作中面临的问题和困难，逐步成长和提升自己的能力。这种教学方法注重学生的主体地位和积极参与，强调学生的能动性和批判性思维，培养学生的学习能力和终身学习的意识。

产教融合教学方法的应用对于高职院校的教学效果具有提升作用。通过合理选择和应用教学方法，可以提高学生的学习自主性、实践能力和创新能力，为他们的职业发展奠定坚实的基础。然而，也需要不断探索和改进教学方法，适应不断变化的教育需求和职业发展需求，进一步提升产教融合教学的质量和效果。

（三）产教融合教学手段的应用和实效

在高职院校产教融合的教学过程中，有效的教学手段能够提高学生的学习效果，培养他们实践能力和解决问题的能力。在产教融合教学中，我们可以采用多种手段来促进学生的独立思考和实践操作。

团队合作学习是一种重要的教学手段。在产教融合教学中，多数任务都需要学生在团队中合作完成。团队合作既能培养学生的团队意识和合作精神，又能提高他们的组织协调和沟通能力。通过团队合作，学生能够相互交流、互相学习，共同解决问题。团队合作还可以模拟实际工作环境，帮助学生适应未来工作的需求。

实验与实训也是重要的产教融合教学手段。通过实验和实训，学生可以将所学的理论知识应用到实际操作中，提升他们的实践技能和创新能力。实验和实训环节可以模拟真实的工作场景，培养学生在实践中的灵活性和应变能力。实验和实训还可以培养学生的实验观察、数据分析和问题解决能力。

产教融合教学手段的应用对于高职院校的教学非常重要。团队合作学习和实验与实训都能够提高学生的实践能力和解决问题的能力。未来，我们还需要不断探索和创新更多的教学手段，以满足产业发展和学生成长的需求，进一步提升产教融合教学效果。

（四）产教融合教学方法和手段的改进与提升

产教融合教学方法和手段的不断改进和提升是高职院校实现有效产教融合的关键环节。在当前经济飞速发展的背景下，高职院校必须与企业紧密合作，确保教学方法和手段能够适应产教融合的要求，并不断进行改进和提升。

1. 注重创新，探索适应产教融合的新教学方法和手段

传统的教学模式往往采纳的是被动的教学方式，学生被动地接受知识。而在产教融合的背景下，教学方法和手段需要更加注重学生的实践能力培养和创新能力培养。需要探索更具实践性的教学方式，让学生参与到真实的项目中去，通过实践来学习和掌握知识。

2. 加强实践教学环节，提供丰富的实践机会

实践教学是产教融合的重要组成部分，通过实践教学可以让学生更加深入地了解产业和企业的实际情况，并培养学生的实践能力和创新精神。因此，高职院校应当积极与企业合作，建立实践基地，提供丰富的实践机会给学生。

3. 注重信息化技术的应用，开发智能化教学工具

随着信息化的快速发展，高职院校应当充分利用信息化技术，开发智能化的教学工具，提升教学效果。可以开发基于虚拟现实技术的实践模拟系统，让学生可以在虚拟环境中进行实践演练。同时，还可以利用互联网和移动设备等新技术，提供在线学习平台和资源，让学生可以随时随地进行学习。

4. 加强师资队伍建设，提高教师的教学能力和产学研水平

产教融合教学方法和手段的改进和提升需要有高水平的教师队伍作为支撑。高职院校应当加强对教师的培训和培养，提高他们的教学能力和产学研水平。

产教融合教学方法和手段的改进与提升是高职院校实现有效产教融合的重要环节。只有不断创新教学方法和手段，加强实践教学环节，注重信息化技术的应用，加强师资队伍建设，才能够更好地推进产教融合，培养更多适应社会需求的高素质人才。

四、高职院校产教融合师资队伍建设

（一）师资队伍现存的问题

师资队伍是高职院校产教融合的重要支撑，对于促进产教融合的有效实施具有至关重要的作用。然而，目前我国高职院校师资队伍存在的一些问题需要关注和改进。

师资水平参差不齐。在一些高职院校中，部分教师的学历、学术研究经历和教育教学能力与产教融合的要求不相匹配。这种情况下，教师的专业素养和教学能力难以满足产业需求，师资队伍的整体水平难以提高，从而制约了产教融合的质量和效果。

师资队伍结构有待优化。现有的师资队伍中，一些教师缺乏相关行业实践经验，缺乏深入了解产业界的能力。这使得他们难以融入产业发展的最新趋势和需求，无法准确把握产业技术的动态变化。这不仅影响了教师对学生的指导和培养，也制约了产教融合的深度和广度。

另外，师资队伍培养机制亟待完善。目前，高职院校在师资队伍培养方面存在一些问题，比如缺乏系统的培训计划和机制、激励和支持政策不完善、师资队伍的职称晋升机制不健全等。这些问题限制了教师的专业成长和发展，大大降低了师资队伍的整体素质和能力。

高职院校产教融合中，为了加强师资队伍的建设，我们需要采取一系列有效的措施。第一，要加强教师的专业培训和学术研究，提高教师的学术水平和教学能力。第二，应建立健全师资队伍的激励机制，提供良好的发展环境和晋升机会，激发教师的积极性和创造力。第三，高职院校还应加强与产业界的合作，建立产教融合教师岗位，引入产业专家和企业人员参与教学和科研，提升师资队伍的实践能力。

高职院校产教融合中师资队伍的建设是一个重要的课题，需要全方位的改善和完善。只有通过针对性的培养和激励，才能进一步提升师资队伍的素质与能力，推动产教融合的深入发展。

（二）产教融合师资队伍的培养和发展

在高职院校产教融合的背景下，培养和发展产教融合师资队伍显得尤为重要。产教融合师资队伍的培养和发展旨在提高师资队伍的专业水平和实践能力，以适应产教融合的需求。为此，高职院校应该采取一系列措施，推进产教融合师资队伍的培训和发展。

高职院校应该加强对教师的培训。这既包括学术培训，也包括实践培训。学术培训可以通过组织专业学术交流、参加学术研讨会等形式来实施，以提高教师的专业素养和知识储备。实践培训则可以通过与企业合作开展实践项目、组织实践活动等方式来进行，以提高教师的实践经验和能力。

高职院校可以采取招聘企业专家和行业人士兼职担任教师的方式，来丰富师资队伍的多样性和专业性。这些企业专家和行业人士可以利用他们在实际工作中的经验和技能，与教师共同开展课程教学和实践教学，从而提高教学质量和实践效果。

与此同时，高职院校还可以开展师资队伍的学术研究和科研项目，以促进教师的学术水平和科研能力的提升。学术研究可以通过组织科研项目、发表学术论文等方式来进行，从而不断更新教师的专业知识和研究能力。同时，高职院校还可以积极申请教育教学改革项目和产教融合项目，通过项目研究和实践，促进教师的教学创新和实践能力的提高。

高职院校应该提供良好的发展环境和激励机制，以吸引和留住优秀的师资人才。这包括提供良好的工作条件、薪酬福利、职称晋升、职业发展等方面的支持，以及为教师提供广阔的发展平台和机会，使他们能够实现个人价值和职业发展目标。

高职院校在产教融合的背景下，可以通过加强教师培训、引入企业专家、开展学术研究和科研项目以及提供良好的发展环境和激励机制等措施，不断提升师资队伍的专业水平和实践能力，从而推动高职院校产教融合的发展和教学质量的提高。

（三）产教融合师资队伍的激励与保障

在高职院校的产教融合中，只有通过合理的激励机制和保障措施，才能够吸引更多优秀的教师加入产教融合的队伍，并持续提升他们的教学能力与创新能力。

激励方面，可以通过薪酬制度的优化来激发教师的积极性和创造性。高职院校应该建立一套公平、激励性强的薪酬体系，将教学质量、教学成果、产学研合作成果等因素作为评价教师绩效的重要指标，将绩效考核与薪酬待遇挂钩，使教师们享受到与其付出相符的回报。

对教师的职称评定和晋升要公正透明。产教融合教师队伍中的教师晋升与职称评定应该充分尊重师资队伍的特点和核心能力，注重实践教学、产学研合作和创新教育的成果和贡献。在评审过程中，应该注重实践教学能力的评估，鼓励教师在实践教学中的创新实践和研究成果，提高职称评定和晋升的公平性和科学性。

还可以采取多种激励措施，如设立奖项和荣誉称号，表彰在实践教学和产学研合作方面有突出贡献的教师；提供广阔的发展空间和平台，鼓励教师积极参与企业实践、产学研合作项目，提升自身的专业素养和教学能力；设置师德师风建设奖励制度，鼓励教师遵守教师职业道德，树立良好的师生关系和教育教学风尚。

在保障方面，高职院校需要提供良好的教育教学环境和资源支持。这包括建设先进的实验室、实习基地和校企合作基地，为教师的实践教学提供必要的设备和条件；加大教师培训和进修力度，提升教师的专业素养和教学能力；完善教师发展机制，为教师提供个性化的发展规划和支持。

产教融合师资队伍的激励与保障对于高职院校的产教融合发展至关重要。通过建立公平激励机制、科学评估标准、完善发展保障措施，可以吸引更多优秀教师加入产教融合的队伍，为高职院校与产业的深度融合提供有力支撑。

第三节　高职院校产教融合的保障机制

一、组织机构保障

(一) 高职院校的组织机构设置

高职院校需要建立一套科学合理的组织机构，以实现产教融合的目标和任务。高职院校的组织机构设置包括学校层面的机构和院系层面的机构，两者相互衔接、相互配合，共同推动产教融合工作的开展。

在学校层面，高职院校通常设立产教融合办公室或相关部门，负责统筹协调与产业界的合作事宜。该机构可与行业协会、技术研究院等密切沟通，建立联系、对接资源、开展合作项目。同时，该机构还可以负责组织开展产教融合的培训、交流与研讨活动，以提升师生的专业技能和实践能力。

在院系层面，高职院校的组织机构设置应根据学科特点和产业需求进行合理划分。院系层面的机构可以包括产教融合教学中心、产教合作专业特色实训基地等。产教融合教学中心是开展产教融合教学的重要载体，负责课程设计与开发、实训设备的采购与维护、实训方案的制定与实施等工作。产教合作专业特色实训基地则是为学生提供更加实践性的教育环境，通过与企业合作，搭建产学合作平台，引导学生参与真实项目、解决实际问题，培养学生的实践能力和职业素养。

组织机构在产教融合中起到关键作用。它们不仅是推动产教融合工作的中枢，还是学校与企业之间的桥梁。组织机构可以协调学校与企业的合作关系，促进双方资源共享、优势互补，达到人才培养和产业发展的良性互动。通过建立有效的组织机构，高职院校可以更好地发挥自身优势，提升产教融合的质量和效果。

目前高职院校在组织机构设置方面还存在一些问题。一些学校在组织机构设置上缺乏科学性和适应性，导致产教融合工作无法顺利开展；一些学校的组织机构职责不明确、分工不清，导致工作效率低下。

针对上述问题，高职院校应该充分调研行业需求和学校实际情况，科学规划和合理划分组织机构。第一，学校应该明确组织机构的职责和分工，确保各部门之间的协作和协调。第二，高职院校可以加强与企业和行业协会的合作，引入外部资源，提高组织机构整体的专业化水平。第三，高职院校应该建立健全监督和评估机制，定期对组织机构的工作进行评估和反馈，及时发现问题并进行改进。

高职院校中，合理的组织机构可以促进学校与企业之间的良好合作关系，提高产教融合的效果和质量。因此，高职院校应该积极优化组织机构，确保其能够适应产教融合新形势的发展需求。

（二）组织机构在产教融合中的作用

在高职院校中，通过合理的组织机构设置及其有效的运作，可以促进产教融合的顺利实施，推动校企合作的深入发展。

组织机构在产教融合中起到协调和推动的作用。高职院校的产教融合需要各个相关部门之间密切合作，协同推进。而组织机构作为协调者和推动者，可以将各个部门的资源整合起来，协调各方利益关系，推动各项工作有序进行。只有通过有效的组织，不同部门和利益相关方才能够站在同一起跑线上，共同推动产教融合的顺利进行。

组织机构在产教融合中起到信息传递和沟通的作用。高职院校的产教融合需要不同层级之间的信息传递和沟通，以确保各个环节的顺畅衔接。组织机构可以起到信息的收集、整理和传递的作用，将各方的需求、意见和建议传递给相关部门。

组织机构在组织和管理上也起到重要的作用。组织机构可以合理划分职责和权限，明确各个部门的任务，确保各个环节的顺利进行。通过有效的组织和管理，可以确保产教融合的质量和效率。组织机构要确保各项工作的有序开展，合理分配资源，灵活调整策略，以应对不同的挑战和问题。

组织机构在高职院校的产教融合中，通过协调和推动、信息传递和沟通、组织和管理等方面的功能发挥，可以促进产教融合的顺利进行，进一步推动校企合作的深入发展。为发挥组织机构的作用，高职院校应当优化组织机构的设置、培养组织机构中的人才，并加强与企业的沟通和合作，共同推动产教融合的实施。

（三）组织机构的优化建议

组织机构在高职院校的产教融合中发挥着重要作用，然而，在实践过程中，我们也时常面临一些问题和挑战。为了更好地推进产教融合，需要对组织机构进行优化和改进，以下是一些建议。

高职院校应该建立起多层次、多元化的组织机构。目前，许多高职院校在组织机构设置上过于简单，缺乏层次感和灵活性。因此，我们建议将组织机构按照不同的职能和层级进行划分，设立产教融合处、产学研基地等相关部门，以便更好地协调和推动产教融合工作。

组织机构应该具备强有力的领导和管理能力。在产教融合过程中，组织机构应该具备全局的视野和策略性的思维，能够协调各个部门之间的合作，推动产教融合工作的顺利进行。

组织机构应该注重培育具有创新意识和实践能力的人才。在当今社会，创新和实践能力成了重要的素质要求。高职院校的组织机构应该鼓励教师和学生参与产教融合实践，激发他们的创新潜能和动力。也要为他们提供必要的资源和支持，打造良好的创新环境和平台。只有培养出具有创新意识和实践能力的人才，才能更好地推动产教融合的发展。

组织机构应该加强内外部的合作与交流。高职院校在组织机构的优化上还需要加强与社会各方的沟通与合作。与外界企业、行业协会等建立紧密的联系，进行交流与合作，互相支持，促进结构优化。同时，组织机构内部各部门之间也应加强沟通与协作，共同推动产教融合工作的开展。

通过这些优化举措，我们相信高职院校的产教融合将能够获得更好的保障与支持，为培养高素质的人才做出更大的贡献。

二、制度保障

（一）高职院校产教融合现行制度概述

在高职院校的产教融合中，制度是不可或缺的重要保障机制。下面将对现行制度进行概述，明确其内容和作用，为后续的讨论和优化建议奠定基础。

现行制度主要包括学校内部和与企业合作的各类规章制度。学校内部的制度覆盖了教学管理、课程设计和评估等方面，旨在确保教学质量和促进学生成长。与企业合作的制度则涉及到双方的权责关系、合作模式和利益分配等方面，以确保产学合作的顺利进行。通过这些制度的制定和实施，高职院校和企业之间的合作得以规范和落地。

现行制度在产教融合中扮演着至关重要的角色。制度的存在可以明确各方的权利和责任，为双方提供明确的指导和约束。通过制度规范，高职院校能够合理安排课程、优化资源配置，从而提高教学质量；企业也能够在制度规定的框架内参与教育教学，提供实践机会和资源支持。制度的存在使得产教融合关系更加稳定和长久，并促进了双方的互利共赢。

值得注意的是，现行制度在实践中也面临一些问题和挑战。首先，制度的出台和执行需要各方的共识和支持，但不同学校和企业之间存在着差异，可能会导致制度的不一致性。其次，制度的执行和监督需要相应的人员和机构来负责，但在一些地方和学校中，相关资源和力量仍然不足。最后，制度的更新和优化也需要不断的研究和实践，以适应时代的发展和实际需求。

基于对现行制度的了解，我们可以看出，制度在高职院校的产教融合中具有重要作用。然而，现行制度也存在不少问题亟待解决。因此，在接下来的内容里，我们将对制度进行进一步的研究和应用，以提出相关的优化建议，为高职院校的产教融合提供更加全面和有效的支持。

（二）制度在产教融合中的作用

在高职院校中，制度的建立和运行促进了产教融合的顺利进行，并保障了各方的利益。

首先，制度的明确和规范化为产教融合提供了清晰的指导。在实践中，产教融合的各项工作需要遵循一定的程序和规定。制度的建立帮助明确各参与方的责任和义务，制定相关流程，保证各项工作有章可循。例如，制度可以规定高职院校与企业合作的范围、合作期限以及责任分工等具体要求，确保双方按照既定规定进行合作，避免产生纠纷或利益分配不合理的情况。

其次，制度的实施推动了产教融合的深入发展。通过制度的规范和约束，高职院校与企业能够更好地协同合作，实现资源共享和优势互补。制度可以明确合作双方在教学内容、师资培养、实训基地共建等方面的配合方式和要求，确保产教融合的实施达到预期效果。

再次，制度的监督和评估能够及时纠正和优化产教融合的运行。通过设立专门的监督机构或组织，对产教融合的实施情况进行定期检查和评估，能够发现问题并及时采取相应的措施加以解决。制度的监督机制可以对合作过程中的各项指标进行监测，如学生实习情况、企业参与度、合作成果等，从而及时发现和解决可能存在的问题，保证产教融合的顺利进行。

最后，制度的优化能够不断提升产教融合的效益和水平。随着产教融合的发展，制度也需要不断完善和更新。通过对制度的分析和研究，可以发现存在的问题和不足之处，并提出相应的优化建议。例如，可以对合作合同的条款进行修订，使之更适应时代发展的需要；可以完善合作流程和配套政策，提高合作效率和质量。制度的优化将促进产教融合的进一步提升，实现更高水平的合作。

制度在高职院校产教融合中起着重要的作用，明确的制度指导推动产教融合的顺利进行，制度的实施促进合作的深入发展，监督和评估机制保障合作质量，而制度的优化则为合作的提升提供持续动力。因此，高职院校在推动产教融合时，应高度重视制度的建立和运行，不断完善制度以实现更高水平的产教融合。

（三）制度的研究和应用

通过对制度的研究和应用，可以促进产教融合的深入发展，提升教育质量和培养学生的能力和就业竞争力。

制度的研究对于产教融合的有效运行至关重要。通过对制度的深入研究，我们可以了解到不同制度对于产教融合的影响和作用。例如，对于制定和执行产教融合政策的制度，我们可以分析其对于合作企业和学校的约束和促进作用。这样的研究可以帮助我们深入了解制度的优势和不足之处，为制度的完善和优化提供理论依据。

制度的应用对于产教融合的实践具有重要意义。通过制度的应用，我们可以将理论知识转化为实际操作，进而推动产教融合的落地和具体实施。在制度的应用过程中，我们需要注意制度的灵活性和适应性，以适应不同学校和企业的实际情况。例如，对于合作项目的合同制度，我们可以根据不同项目的特点和需求制定灵活的合同条款，以保证双方的权益和合作的顺利进行。

制度的研究和应用还需要与实际案例相结合。通过对已有案例的研究和分析，可以更好地理解制度在实际产教融合中的运行情况和效果。例如，我们可以选择一些典型的产教融合项目，对其在制度设计、执行和效果方面进行深入研究，从中汲取经验和教训，为制度的改进和应用提供指导。

在制度的研究和应用过程中，我们要充分发挥学校、企业和专业团队的作用，形成合力。学校可以组织相关研究团队，深入分析制度问题，并提出改进建议。企业可以提供实际问题和情况，为制度的改进和应用提供实践基础。

通过深入研究和有效应用制度，我们可以促进产教融合的发展，为高职院校的教育质量和学生的就业竞争力提供坚实的基础。因此，在制度的研究和应用中，我们需要重视理论研究、实践应用和案例分析的结合，加强学校与各方的合作，为制度的完善和优化提供有效的支持和保障。

（四）制度的优化建议

为了有效推动高职院校的产教融合，进一步提升保障机制的效能，在现有制度基础上，需要进行一系列的优化和完善，以下是针对制度的优化建议。

1. 完善制度中关于流程和程序的规定

制度的优化需要着眼于实际操作层面，应建立明确的流程和程序，确保各方在产教融合中的行为规范。这包括明确各个环节的责任和权限，确定相关部门的职责和职能，建立起高效的工作机制。此外，还可引入信息化技术，推行电子化办公，提高工作效率和透明度。

2. 加强对制度的深入探索

随着时代的变迁和产教融合模式的创新，制度需要与时俱进，不断进行研究和探索。高职院校应加强与产业界、研究机构的合作，共同研究制度创新的路径和方向，探索适合产教融合发展的新型制度模式和机制。在制度研究的过程中，还需要充分考虑各方意见和需求，形成广泛参与的共识。

3. 加强制度的宣传和培训工作

制度的优化需要得到各方的认可和遵循，因此，需要加大对制度的宣传力度。通过多种形式，如会议、培训、宣传材料等，全面解读制度的重要性和优势，并向各方提供相关的培训和指导，以确保制度的有效实施和落地。

三、经费保障

（一）现行经费保障情况

在高职院校产教融合的实践中，经费保障是一个不可忽视的重要方面。目前，我国高职院校产教融合的经费保障来自两方面。一方面，政府对于高职院校的产教融合给予了一定的经费投入。根据教育部的相关政策和规定，每年都有一定的经费从中央和地方财政拨款用于支持高职院校的教学。这些经费主要用于教师的培训、与企业合作开展项目和购置设备等，有效地促进了产教融合的发展。

另一方面，在高职院校内部也建立了一些经费保障机制。比如，学校会将一部分年度预算用于产教融合相关的项目，确保教师和学生参与该项目时能够得到一定的经费支持。学校还鼓励教师申请各类科研项目和课题，通过这些项目的承接来获得一定的经费支持。这些内部机制的建立，为高职院校的产教融合提供了一定的经费保障，增强了学校人员参与的积极性。

尽管现行的经费保障机制取得了一些成绩，但仍然存在一些问题和挑战。其一，经费来源主要依赖于政府财政拨款，学校自身的经费筹措能力相对较弱。这导致了一些高职院校在产教融合项目的开展中呈现出经费不足的问题，无法真正发挥其潜力。其二，现行机制对于经费的使用和管理并没有明确的规定和标准，容易导致经费的浪费和不合理使用。其三，一些高职院校在产教融合中没有形成完善的经费监管机制，容易出现经费流向不明、违规操作等问题。

现行经费保障机制在高职院校产教融合中发挥了重要作用，但仍然需要进一步完善和优化。只有在经费保障方面做好充足的工作，才能够更好地推动产教融合的发展，实现高职教育与实际产业需求的紧密结合。

（二）经费在产教融合中的作用

经费是支撑产教融合顺利实施的基础保障。第一，充足的经费可以用于建立和完善高职院校与企业合作的各项机制。比如，可以用于成立产教融合的管理组织、建立联席会议制度，以确保双方在决策和执行过程中能够充分合作。此外，经费也可以用于建设合作实训基地和科研平台，提供实践教育和科研支持，为学生和企业提供更好的学习、合作环境和条件。

第二，经费在产教融合中还可以用于资助学生参与实践教学活动。实践教学是高职院校培养学生实际能力的重要途径，然而，由于实践活动需要一定的费用，学生可能因经济原因无法参与。而经过产教融合后，企业可以提供资金支持，帮助学生参与各种实践教学活动，不仅提升了学生实践能力，也为企业培养了更多具备实际操作能力的人才。

第三，经费对于促进师资队伍建设也起到重要的作用。产教融合需要学校教师和企业之间进行互动和交流，而这就需要投入一定的经费来支持相应的活动。比如，可以举办教师与企业员工互访交流活动、组织教师参加企业实践、举办师资培训等。这些活动不仅有利于教师专业能力的提升，也促进了学校和企业之间人才培养理念和方法的交流，进一步推动产教融合工作的开展。

总的来说，经费在产教融合中为高职院校与企业的合作提供了必要的保障，支持了产教融合机制的建立和完善，资助了学生的实践教学活动，促进了师资队伍的建设。未来，在经费保障方面，应该进一步加大投入，确保经费的充足性，提高资源利用效率，不断完善经费分配和管理机制，使经费保障更加有序、高效，为产教融合工作的顺利进行提供坚实的基础。

（三）经费保障的优化建议

1. 加大政府对产教融合经费的投入力度

应该充分认识到政府经费对推动产教融合发展的重要性，并加大财政支持力度。通过增加经费投入，可以保证高质量的产教融合项目的落地实施，包括师资培训、设备更新、实践基地建设等方面的经费支持。

2. 建立更加灵活、透明的经费使用机制

经费保障的问题不仅仅在于数量上的保障，还需要确保经费使用的合理性和及时性。因此，在经费保障机制中，应该加大对经费使用情况的监督和审计力度，确保经费使用符合规定，并及时公示相关信息，让所有利益相关方都能够了解经费使用情况，提高经费使用的透明度。

3. 鼓励校企合作共同承担经费筹措责任

产教融合是学校和企业共同发展的过程，而经费的保障也应该由双方共同承担。学校和企业可以建立更加紧密的合作关系，共同筹措经费资源，促进产教融合项目的顺利实施。可以通过制定相关奖励机制，鼓励企业更加积极地投入经费，提高产教融合的可持续性发展。

4. 加强对经费保障规定的宣传和培训

经费保障的重要性需要得到广泛的认知和理解。高职院校和企业需要共同努力，加强对经费保障规定的宣传，向校内外的相关人员普及经费保障的重要性和意义。此外，还应该开展相关培训，让财务人员、管理人员等了解并熟悉经费保障规范，提高对经费保障的认识和应用能力。

通过加大政府投入、建立灵活透明的经费使用机制、鼓励校企共同承担经费筹措责任以及加强宣传和培训等措施，可以进一步优化高职院校产教融合中的经费保障机制，提升产教融合的效果和质量，促进校企合作的深度发展。

第三章　高职院校产教融合的教学体系

第一节　高职院校产教融合的教学目标与内容

一、高职院校产教融合的教学目标

（一）高职院校教学目标的制定

高职院校作为培养应用型人才的重要阶段，其教学目标是制定课程和教学计划的基础。制定高职院校的教学目标需要考虑以下几方面。

1. 与社会需求密切相关

随着经济的发展和社会的进步，人才市场对高职院校毕业生的需求也在不断变化。因此，高职院校的教学目标需要与社会需求保持一致，以确保毕业生具备适应社会发展的能力和素质。

2. 与专业知识和技能紧密相关

高职院校的教学目标应该是重点培养学生的专业知识和技能，使其能够熟练掌握所学专业的理论知识和实践技能。只有具备扎实的专业知识和技能，学生才能在职场中具备竞争力。

3. 培养学生的职业素养和职业道德

在职场中，除了专业知识和技能，职业素养和职业道德也是职员必备的素质。具备良好的职业道德，能够遵守职业道德规范、践行职业道德准则，是学生将来职业发展的基本底线。

4. 增加学生对所学专业相关行业文化的了解和理解

了解所学专业的行业文化，有助于学生在毕业后更好地融入工作环境，适应行业的发展需求，更好地发挥专业优势。

高职院校的教学目标的制定需要与社会需求一致、强调专业知识和技能培养、注重职业素养和职业道德培养，以及增强学生对所学专业相关行业文化的了解和理解，以确保教育的针对性和实效性，培养出更加适应社会发展和职业发展的高素质应用型人才。

（二）产教融合对教学目标的影响

产教融合是高职院校教育改革的重要方向之一，对教学目标的构建和实现有很大影响。通过产教融合，教学目标从单纯追求专业知识与技能的培养，转变为综合培养学生的职业素养、职业道德及实践操作能力。

在产教融合模式下，高职院校的教学目标不再仅限于专业知识与技能的传授，而是将职业素养与职业道德纳入其中。高职院校的学生不仅要具备扎实的专业知识与实践操作能力，还要具备良好的职业道德修养和职业发展意识。例如，在与企业合作的实践过程中，学生将直接接触到企业的文化、价值观，他们了解并尊重企业文化，以及适应职业道德规范。

产教融合对教学目标的影响还表现在对行业文化的关注与引导方面。随着与企业的合作，学生将更加深入地了解相关行业的特点、发展趋势以及行业文化。这种深度的了解使教学目标从简单的原理的掌握扩展到行业文化的熟悉。举个例子，对于旅游专业的学生来说，他们不仅需要了解旅游专业相关的知识与技能，还需要了解旅游行业的文化特色，例如旅游目的地的历史背景、风土人情等。

产教融合模式下的教学目标制定重视实践操作能力的发展。与企业合作的实践活动不仅帮助学生将理论知识运用到实际操作中，还能培养学生的动手能力和问题解决能力。通过实践操作，学生能够更好地掌握专业知识与技能，同时也能增加对职业素养与职业道德的理解与体验。例如，在与企业合作的项目中，学生需要参与到实际的工作中，面对各种挑战与问题，需要动脑思考并解决实际问题。这种实践操作能力的培养有助于学生更好地适应未来的工作环境。

产教融合模式使得高职院校教学目标的构建更加全面、综合，与现实需求相匹配。通过产教融合模式下的教学目标构建，高职院校能够培养出具备全面素质的应用型专门人才，满足社会对高职教育的需求。

（三）产教融合背景下的教学目标构建实践

在高职院校开展产教融合教学之前，教学目标的构建是一个至关重要的环节。只有明确的、具体的教学目标才能指导教学内容的设计和教学方法的选择，从而提高教学效果。以下将围绕高职院校教学目标的构建实践，探讨其具体方法和策略。

首先，要明确高职院校的教学目标需求。高职院校的培养目标是培养适应现代产业发展需求的高素质技术技能人才。因此，教学目标应紧密联系专业知识与技能、职业素养与职业道德、行业文化和实践操作等要素。在制定教学目标时，需要对所涉及的各个要素进行具体细化和明确描述，以确保教学目标的全面性和针对性。

其次，产教融合对教学目标的影响是不可忽视的。产教融合的教学能够将教学与实践相结合，提供更真实、更贴近实际的学习环境和情境。因此，在教学目标的构建过程中，应充分考虑到产业界对人才的需求和要求。与企业合作，了解行业最新发展趋势和技术要求，在教学目标中融入实践操作和职业素养要求，以培养符合行业需求的高素质人才。

再次，在进行教学目标的构建时，可以采用序号和段落分述的方式，以提升教学目标描述的逻辑性和清晰度。例如，可以分别列出教学目标的具体内容和实施策略，并对每个目标进行详细解释和说明。这样既能确保教学目标的完整性和全面性，又能为教师提供明确的教学指导。

最后，在教学目标的构建过程中，可以借鉴其他教学实践经验，尤其是成功的案例。通过学习和分析优秀的教学案例，可以了解到更优秀的、全面的、系统的教学目标，以及将教学目标与教学内容和教学方法结合的方向，从而提高学生的学习效果和学习动力。

总之，高职院校的教学目标构建需要充分考虑专业知识与技能、职业素养与职业道德、行业文化和实践操作等要素，紧密结合产业界需求和产教融合教学的特点，采用明确具体的描述方式，并借鉴成功的教学案例，以提高教学效果。通过不断实践和探索，我们可以逐渐积累适合高职院校产教融合特点和需求的教学目标构建经验，为培养适应现代产业发展需求的高素质技术技能人才提供有力的支持和指导。

二、高职院校产教融合的教学内容

（一）专业知识与技能的教学

1. 专业知识的教学内容与方法

在高职院校的教学中，专业知识的传授是培养学生综合能力的重要环节。因此，专业知识的教学内容和方法需要精心设计和有效实施，以达到最佳的教学效果。

第一，要明确专业知识的教学内容。专业知识包括学科的概念、原理、理论与应用方法等方面的内容。在教学中，教师应该精心选择和组织这些内容，确保学生能够全面地了解和掌握相关的知识。同时，还应该关注当前行业的最新发展动态，及时更新教学内容，使学生能够紧跟行业发展的步伐。

第二，要采用恰当的教学方法来教授专业知识。因为学生的学习方式和学习需求各不相同，教师应灵活运用多种教学方法，如讲授、案例分析、实验实践等，以满足不同学生的学习需求。通过教师的引导和激发，学生不仅能够接收知识，还能够主动地探索和思考，提高学习效果。

第三，要注重课堂互动和实践操作。专业知识的教学不能仅停留在理论层面，还需要将知识应用于实践操作中。教师应该鼓励学生积极参与课堂讨论和实践操作，提高学生的思维能力和应用能力，提高自身的专业素养。

2. 专业技能的教学内容与方法

在高职院校的专业技能教学中，教学内容与方法的选择至关重要。为了培养学生的实际操作能力和专业技能，我们需要设计合理的教学内容，并运用有效的教学方法。

专业技能的教学应当紧密联系专业实践需求。针对不同专业的特点，我们应当确定相关的实践操作项目，确保学生具备专业的实操能力。例如，在计算机专业的专业技能教学中，可以设置编程实践、系统建设、软件测试等内容，以帮助学生理解和应用所学的编程语言、软件工具等。

专业技能的教学应当注重培养学生的动手能力。在专业技能的培养过程中，仅仅掌握理论知识是远远不够的，学生还需要通过实际操作来加深理解和提升技能。因此，我们可以采用项目实践、实习等教学方法，帮助学生将所学的知识运用到实际情境中。通过参与实际项目和实践操作，学生能够更好地掌握专业技能，并加深对理论知识的理解。

专业技能教学过程中要注重培养学生的创新能力。在产教融合的背景下，我们需要通过教学内容和方法的设计，培养学生的创新思维和实际应用能力。例如，可以组织学生进行创新实践项目，引导他们运用所学的专业技能解决实际问题。通过这样的教学方式，学生能够锻炼自己的创新能力，并在实践中发现问题和解决问题的能力。

专业技能的教学也注重教师的指导和辅导。教师在教学过程中应充当着学生的引路人和指导者的角色，通过引导学生思考、解答问题、提供实践经验等方式，促进学生的专业技能的发展。教师的经验和实践知识对于学生掌握专业技能至关重要，他们能够为学生提供实践中的指导和建议，帮助学生更好地掌握专业技能。

3. 产教融合对专业知识与技能教学的优化

在高职院校的教学过程中，产教融合为专业知识与技能的教学提供了实践场景。学生在学校的课堂上仅仅掌握理论知识是远远不够的，他们还需要将所学的知识应用到实践中去。通过与企业的合作，学生可以亲身参与到真实的工作环境中，接触实际的问题，从而更好地理解和掌握专业知识与技能。例如，在与企业合作的实践项目中，学生可以通过与企业员工的交流合作，了解行业的实际运作情况，并学习与专业知识相关的实践技能。

产教融合对专业知识与技能教学的优化还体现在行业文化的传承上。通过与企业的合作，学生可以更好地了解和感受行业的文化特点。在产教融合的教学模式中，学生可以有机会参观企业，了解企业的历史、发展和文化背景，从而更好地融入行业，适应行业的要求。这不仅有助于学生的职业发展，也有助于行业文化的传承和发展。

（二）职业素养与职业道德的教育

1. 职业素养教育的重要性

职业素养教育是高职院校产教融合教学中的重要组成部分，其目的在于培养学生在职业发展过程中所需的各种素养，并提高其在职场中的竞争力和综合能力。职业素养的培养包括对学生的职业道德、职业行为规范、职业责任等方面进行教育和培养。

职业素养教育有助于提升学生的职业发展能力。通过培养学生的职业素养，他们能够更好地适应并融入不同的职业环境。例如，通过系统的职业素养教育，学生能够学习到如何与同事合作、如何有效沟通、如何解决问题等多种职业技能，从而提高他们在职场中的工作能力和表现。

职业素养教育有助于学生的职业道德培养。作为一名高素质的人才，除了具备技术能力外，还应具备良好的职业道德。职业素养教育注重培养学生的职业道德意识和行为规范。通过传递正确的职业道德观念，学生将明确自己在职业道德上应该遵循的原则和规范，以及在面对职业道德困境时应该如何应对。

另外，产教融合对职业素养与职业道德的培养也起到了积极的影响。产教融合教学模式将学校的教学内容与行业实践相结合，为学生提供实践机会，培养他们的职业素养与职业道德。通过与实际工作环境的接触，学生能够更好地了解职业规范和行业要求，增强他们对职业素养和职业道德的认同和理解。

2. 职业道德教育的重要性

职业道德教育旨在通过系统的教育措施，塑造学生健康的职业道德观念和道德行为，在学生发展职业生涯的过程中起到引领和规范的作用。

职业道德教育有助于培养学生正确的价值观和职业操守。在执业过程中，作为专业人才，学生必须具备正确的价值观念，明确自己的职业追求和道德底线。通过职业道德教育的引导，学生能够形成正确的职业心态，并且能够遵守职业道德准则，在职业生涯中坚守职业操守，不断追求个人职业素养的提升。

职业道德教育有助于提升学生的职业形象和职业竞争力。在当今竞争激烈的就业市场中，职业道德品质是衡量一个专业人才能力的重要标准。通过教育培养，学生可以展现出良好的人格品质和职业素养，提升自身的职业竞争力。拥有良好的职业道德，能够赢得雇主和客户的信任，从而获得更多的机会和发展空间。

职业道德教育还有助于培养学生的社会责任感和团队精神。通过职业道德教育的引导，学生能够意识到自己在职业领域中承担的社会责任，能够积极参与社会实践和公益活动，为社会进步做出积极的贡献。职业道德教育也能够培养学生的团队意识和团队协作能力，提升学生在团队中的沟通和合作能力。

职业道德教育在高职院校的产教融合中具有重要的地位和作用。通过培养学生正确的价值观和职业操守，提升学生的职业形象和竞争力，以及培养学生的社会责任感和团队精神，职业道德教育能够为高职院校的学生成长成才提供有力的保障和支持。因此，高职院校应该注重加强职业道德教育的力度，创造良好的教育环境和条件，为学生的职业发展奠定坚实的道德基础。

3. 产教融合对学生职业素养与职业道德的影响

产教融合能够促进学生的职业素养发展。通过与企业合作开展实践课程，学生能够深入了解所学专业在实际工作中的应用，从而培养学生的实践能力和解决问题的能力。在与企业员工和一线职员的交流中，学生有机会学习专业知识之外的技能，比如团队合作、沟通能力、职业规范等，从而全面提升自身的职业素养。

产教融合能够促进学生的职业道德发展。在与实际工作环境接触的过程中，学生不仅能够学习专业知识和技能，还能够了解职业道德的重要性。例如，在与企业合作的过程中，学生需要遵守企业的规章制度，遵守职业伦理和道德准则，学会尊重他人、诚实守信、关心社会等。

产教融合为学生提供了在实践中学习行业文化的机会。通过与企业员工的互动和参与工作实践，学生可以更加深入地了解所学专业的行业文化和职业标准。他们有机会参与到真实的工作场景中，感受行业的氛围、价值观和规范，从而更好地适应职场的要求。

4. 运用实践案例分析的教学方法

通过实践案例的分析，可以帮助学生将所学知识与实际应用相结合，进一步培养和提升学生的职业素养与职业道德。

通过教育实践案例的分析，可以帮助学生了解并认识到职业素养的重要性。在实践中，学生将面临各种职业场景和职业挑战，只有具备良好的职业素养，才能够适应职业环境的要求，做出正确的职业决策和行为。例如，在某次实践中，学生可能面临着职业道德方面的选择，需要在利益和道德之间进行权衡。通过分析此次案例，学生可以认识到自己在职业素养方面的不足之处，进而改进自己的职业行为，并提升自己的职业素养。

教育实践案例的分析还可以帮助学生理解并掌握职业道德的要求。职业道德是指在职业活动中所应遵循的道德规范和准则。在实践中，学生可能面临各种道德困境和冲突，需要依据职业道德的要求做出正确的选择。通过案例分析，学生可以了解到不同职业领域的职业道德规范，了解其背后的道德原则和价值观，进而在实践中能够更好地应对各种道德困境。

通过教育实践案例的分析，学生可以认识到职业素养与职业道德的重要性，了解职业素养与职业道德的要求，并通过与企业的实践合作来进一步提升自身的职业素养和职业道德水平。

（三）行业文化与实践操作的引入

1. 行业文化的传授与应用

在高职院校中，传授行业文化不仅仅是简单地传递行业相关的知识，更重要的是通过教学活动将学生带入到行业的实践环境中，培养学生适应行业文化的能力和意识。

对于行业文化的传授，教师要通过多种渠道获取与行业相关的信息，包括行业研究报告、行业协会的官方网站、行业内的专业刊物等。这些信息可以帮助教师了解行业的发展趋势、行业的最新技术和应用，从而准确地传递给学生。此外，还需要与行业企业建立密切的联系，如邀请行业专家到校进行讲座，组织学生参观企业等，以提供学生亲身体验行业文化的机会。

在行业文化的应用过程中，需要设计相关的教学活动，将学生置于真实的行业环境中，让学生学会如何运用专业知识和技能解决实际问题。例如，在酒店管理专业中，教师可以组织模拟酒店运营的实践活动，让学生在模拟的环境中扮演酒店经理、服务员等角色，学习如何处理客户投诉、如何解决突发事件等。通过这样的实践活动，学生不仅能够加深对行业文化的理解，还能够提高自己在实践操作过程中的能力。

除了教师的努力，学生自身的积极参与也是行业文化教学的关键因素之一。学生应该主动了解行业的最新动态，积极参与到行业实践活动中，提高自己的理论水平和实践能力。只有这样，才能真正融入到行业文化的传承和应用中。

行业文化的传递是高职院校产教融合教学的重要内容。行业文化要准确传递给学生，需要教师与行业企业密切合作，提供真实的行业环境，同时学生也要积极参与，提升自身的行业素养和实践能力。

2. 实践操作的培训与实施

在高职院校的产教融合教学模式中，实践操作是不可或缺的一环。通过实践操作，学生能够将所学的专业知识与技能应用到实际工作中，提升自己的实践能力。因此，对实践操作的培训与实施显得至关重要。

培训是保证学生正确掌握实践操作基本技能的关键环节。在进行实践操作前，学生需要接受系统的培训，包括理论知识的讲解、实践技巧的演示以及操作规范的讲解等。这些培训内容旨在帮助学生掌握实践操作的基本要点，确保其能够熟练地进行实践操作。

实施是将实践操作付诸实际的阶段。在实施阶段，学生将通过实际的实践操作，运用所学的知识与技能进行实践。在实施过程中，学生应该能够独立思考、分析问题，并采取合适的措施。同时，实施阶段还包括对实践操作的效果进行评估和调整，以确保学生能够获得更好的实践经验和成果。

为了更好地推动产教融合对行业文化与实践操作的融入，高职院校可以采用一些具体的方法。首先，可以组织学生参观实际工作场所，让他们亲身体验行业的氛围和实践操作的过程。其次，可以邀请行业专家来学校进行实践操作培训，提供实际案例和实操指导，使学生能够更好地理解和掌握实践操作的要领。另外，还可以通过与企业合作开展实践项目，让学生参与到真实的职业实践中，提升他们的实践能力和职业素养。

总而言之，实践操作的培训与实施是高职院校产教融合教学模式中的重要环节。只有通过系统的培训和实际的实施，学生才能够真正掌握实践操作的技巧，并将其应用到实际工作中。同时，为了更好地推动产教融合对行业文化与实践操作的融入，学校可以采取一系列措施，提供学生与行业接触的机会，提高他们的实践能力和职业素养。

3. 产教融合对行业文化与实践操作引入的推动

产教融合方式下，学生能够更加深入地了解行业的文化特点，增强对于行业文化的传承与应用的意识。在实践教学中，学生将有机会接触到真实的行业生产环境，并与相关行业的从业人员进行交流与合作，这为学生理解行业文化提供了广阔的平台。例如，学生能够参观企业，亲身体验企业文化，接触行业专家。通过这样的方式，学生能够深入了解行业的发展历程、核心价值观和行业认同感，从而增强对于行业文化的认同和理解。

产教融合对学生实践操作能力的培养起到了积极的推动作用。产教融合背景下，学生将在真实的工作场景中进行实际操作，运用所学知识解决实际问题。这种方式既能够巩固和应用学习的专业知识，又能够培养学生的实际动手能力和解决问题的能力。例如，在实践操作课程中，学生可以进行各种技能操作训练，如操作机床、运用软件等。通过这样的实践训练，学生能够熟练掌握实际操作所需的技能和方法，为未来的职业发展打下坚实的基础。

产教融合为行业文化与实践操作的融入提供了更加广泛的机会与平台。通过与企业和行业协作，学校可以提供更多的实践实训资源，为学生提供更加丰富和多样的实践机会。例如，学校可以与行业合作开设实践基地或者实验室，为学生提供实际的工作场景以及更多的实践项目。

第二节　高职院校产教融合的教学方法

一、项目教学法

（一）高职院校项目教学法的定义与特性

高职院校项目教学法是一种以项目为核心的教学方法，通过组织学生参与真实的项目活动，将理论与实践相结合，培养学生综合运用所学知识和技能解决实际问题的能力。与传统的理论教学相比，项目教学法在高职院校教育中具有许多显著的特点。

项目教学法注重学生的实践操作。通过设计一系列的实际项目，学生将直接参与其中，从而获得实践经验，提升实践技能。项目教学法不仅强调理论知识的传授，更注重学生在实际操作中的动手能力和问题解决能力的培养。

项目教学法强调跨学科的综合运用。在项目中，学生需要综合运用多个学科的知识与技能，解决实际问题。这种跨学科学习的模式有助于培养学生的综合素质和综合能力，提升他们的综合竞争力。

项目教学法尊重学生的个体差异。每个学生都有自己的特长和兴趣，项目教学法为学生提供更大的发展空间。学生可以根据自身的特长选择感兴趣的项目，并在项目中发挥个人优势。这种个性化的学习方式有利于激发学生的主动性和创造性思维。

项目教学法注重实际问题的解决。项目教学法中的项目都是实际的，学生需要通过自主学习和合作学习，结合所学知识和技能完成项目。这种教学法有助于培养学生的问题意识和解决问题的能力。

高职院校项目教学法是一种以项目为核心的教学方法，通过参与实际项目来提升学生的实践操作能力、跨学科综合能力和解决实际问题的能力。在教学实施中，教师应注重项目的设计与组织，合理引导学生参与，并对项目教学法的效果进行评估，以不断完善教学方法，提高教学质量。

（二）高职院校项目教学法的应用

高职院校项目教学法作为一种创新的教学方法，在实践中得到了广泛的应用与实施。首先，高职院校教师精心设计项目任务，项目要将理论知识与实践操作相结合，使学生可以在实际操作中学习知识。例如，在机械工程专业的课程中，教师可以设计一个关于机械设计的项目任务，要求学生按照实际案例进行设计与制作，这样可以激发学生的学习兴趣，提高学习效果。

其次，高职院校项目教学要引导学生的参与与合作。项目教学法需要学生组成小组，共同完成指定的项目任务。在小组合作中，学生可以相互协作，共同解决问题，提高团队合作的能力。例如，在计算机科学专业的项目任务中，学生需共同开发一个软件系统，每个学生负责不同的模块，通过协作完成整个项目。

再次，项目教学法还要对学生的实践能力和职业素养进行培养。通过实际的项目实践，学生不仅要学习专业知识，还要接触到实际工作中的问题和挑战。例如，在酒店管理专业的课程中，学生可以通过参与一个真实的酒店运营项目，了解酒店管理的各个方面，并学习如何解决实际问题和应对突发情况。这样的实际操作能够使学生更好地适应职业发展的要求，提高他们的职业素养。

最后，在高职院校项目教学中，教师要发挥引导和管理的关键作用。教师应根据学生的学习需求和项目要求，合理安排学习活动和时间，提供必要的指导和支持。同时，教师还要对学生的学习过程和学习成果进行评估和反馈，及时发现问题并进行调整。只有做好教师的角色，才能够更好地推动高职院校项目教学法的应用与实施。

高职院校项目教学法作为一种创新的教学方法，在产教融合的背景下，其应用与实施具有显著的优势，高职院校应积极推广和应用项目教学法，并加强对教师的培训与支持，以推动与产教融合相适应的教学模式的深化变革。

（三）高职院校项目教学法的效果评估

为了全面了解高职院校项目教学法在实施过程中的效果，需要进行有效的评估。以下将从不同角度分析高职院校项目教学法的效果，并探讨其对学生学习成果和能力培养的影响。

1. 学习成果评估

学习成果评估是评价项目教学法效果的重要指标。通过考察学生在项目教学中的学习成果，可以客观地判断教学法是否达到了预期的效果。学习成果评估应包括对学生在专业知识、实践能力和创新能力等方面提升情况的评估。

在项目教学法的实施过程中，学生通常需要参与项目的规划、实施和总结。因此，他们有机会进行实际操作和实践经验的积累。通过对学生的实际操作和成果展示进行评估，可以客观地评价他们在项目教学法中所获得的实践能力的水平。

此外，项目教学法也鼓励学生主动参与课堂讨论和互动，培养他们的思维能力和创新意识。因此，学习成果评估还应包括学生在解决问题、提出创新思路和团队合作等方面的表现情况。

2. 能力培养评估

项目教学法的目标之一是培养学生的实践能力和创新能力。因此，评估教学法的效果还应注重对学生能力培养的评估。能力培养评估可以从专业知识的掌握程度、实际操作的熟练度和解决问题的能力等方面进行。

在项目教学法中，学生需要面对实际问题并寻找解决方案。因此，在能力培养评估中，可以通过对学生在项目中应用专业知识解决问题的方方面面的能力进行评估，考察他们在实践中的应用能力和创新潜力。

同时，项目教学法注重培养学生的团队合作能力，因此还可以通过对学生在团队项目中的角色发挥和协作情况进行评估，以获取他们在团队合作和沟通方面的能力提升情况。

高职院校项目教学法的效果评估应综合考虑学习成果和能力培养两个方面，通过对学生的学习成果和能力培养进行评价，既能客观地了解项目教学法的有效性，也能为教学改进提供有力的依据。因此，在实施项目教学的过程中，必须重视对其效果进行科学评估，以不断提高教学质量。

二、案例教学法

（一）高职院校案例教学法的定义与特性

高职院校案例教学法是一种以案例为基础的教学方法，旨在通过对实际案例的引入和分析，培养学生综合运用知识的能力和解决问题的能力。它与传统的教学方法相比，更加注重实践和应用，能够有效地促进学生的主动参与和自主学习。高职院校案例教学法具有以下几个特性。

1. 问题导向

案例教学法的核心是提供产业的实际问题情境，让学生通过分析，深入理解相关知识和操作。教师作为引导者，鼓励学生思考、合作和探索，培养他们的问题意识和解决问题的能力。

2. 案例个性化

高职院校案例教学法强调案例个性和真实性。教师可以根据学生的背景和专业特点，提供具体的真实的案例，使学生能够从案例中获得与自身关联度高的知识和经验。这样一来，学生更容易接受并将所学知识应用于实际情境中。

3. 培养实践能力

案例教学法注重学生的实践能力培养。通过案例的引入和讨论，学生需要主动收集、整理和分析相关信息，提出解决方案，并将其实施到实际情境中。这样的过程不仅加深了学生对知识的理解，更重要的是培养了学生的实际操作和解决问题的能力。

4. 促进团队合作

案例教学法鼓励学生进行小组活动和讨论。在解决案例问题的过程中，学生需要相互交流、合作共享，充分发挥每个人的优势。通过团队合作，学生不仅能够积极参与讨论，互相学习，还能够锻炼自己的沟通和协作能力。

5. 激发学习动力

案例教学法能够激发学生的学习动力，提高学习积极性。案例经常以实际问题和挑战为基础，引发学生的兴趣和好奇心。学生在分析案例和解决案例问题的过程中，能够感受到知识的实际意义和应用价值，从而更加主动地参与学习，提高学习效果。

（二）高职院校案例教学法的应用

高职院校的案例教学法的应用需要建立在充分的案例资源基础上。教师需要积极收集和整理与所教专业相关的案例并进行分类归档，以便随时调取和使用。这些案例可以来自于真实的工作场景、行业研究报告以及相关的学术研究成果等。高职院校的产教融合发展刚好能为其提供充足的案例资源。通过案例的多样性和实际性，可以提供给学生丰富的学习资源，从而激发他们的学习兴趣和主动性。

高职院校的案例教学法的实施需要注重教师的引导和学生的参与。教师在课堂中扮演着案例引导者和问题解答者的角色，引导学生深入分析案例中的问题和挑战，帮助他们建立解决问题的框架思维。学生在案例教学过程中要积极参与讨论和分析，发表自己的见解并提出自己的解决方案。这种互动式的学习方式有助于学生之间的交流与合作，并激发他们的思维独立性和创造性。

高职院校的案例教学法的应用要与职业实践相结合。通过将实际案例与学习内容结合起来，学生能够更好地理解理论知识的实际应用，并从中获得职业能力培养的锻炼。产教融合背景下，教师可以通过组织实地探访、企业实习、参与行业项目等方式，将学生置身于实际职业环境中，让他们亲身体验和应用所学的知识和技能。

案例教学法的应用还需要进行有效的评估和反馈。教师可以制定相应的评估指标和评价体系，对学生在案例教学中的表现和学习成果进行评估。通过评估可以发现学生在知识掌握、问题解决能力、创新思维等方面的优势和不足，并及时给予针对性的反馈和指导，帮助学生不断完善自己的学习。

高职院校案例教学法的应用与实施是一个全方位的过程，需要教师的指导和学生的积极参与。通过充分利用案例资源，注重教师引导和学生参与，结合职业实践，并进行有效评估和反馈，可以提升案例教学法的教学质量和学生的综合素养。因此，高职院校产教融合模式下应积极推动案例教学法在教学中的应用，为学生的就业和未来的职业发展提供有实际应用价值的学习体验。

（三）高职院校案例教学法的优点

案例教学法作为一种重要的教学方法，在高职院校教学中展现了显著的优势，并得到了广泛应用。

案例教学法能够提高学生的综合素质和实践能力。在案例教学中，学生需要通过分析和讨论真实案例，运用所学知识解决问题。这种实践性的学习方式使学生能够更加深入地理解和应用知识，培养了他们的分析问题、解决问题的能力和实践操作能力。

案例教学法能够激发学生的学习兴趣和主动性。在案例教学中，学生可以参与到真实案例的讨论和实践过程中，他们能够感受到学习的乐趣和成就感。相比于传统的教学方法，案例教学更能够激发学生的学习兴趣，增强他们主动探索、自主学习的意识和能力。

案例教学法还能够促进学生的思维能力和创新能力的发展。案例教学要求学生进行深入的思考和分析，寻找解决问题的方法和策略。通过这种思考过程，学生的思维能力得到了锻炼和提升。同时，在案例教学中，学生可以通过运用自己的知识和经验，提出创新的解决方案，培养了他们的创新意识和创新能力。

三、任务驱动教学法

（一）高职院校任务驱动教学法的定义与特性

高职院校任务驱动教学法，顾名思义，是以任务为驱动的一种教学方法。它的特性在于将学习任务置于学生学习的核心位置，通过设置具体的任务和情境，激发学生的学习兴趣和积极性，促使他们主动参与学习过程。相比传统的教学方法，任务驱动教学法更加注重学生的主体性和实践性，强调学习与实际应用的结合。

任务驱动教学法的定义中，需要明确强调的是，它不仅仅是一种简单的任务布置，而是要将任务设计得具有一定的复杂性和挑战性。任务的设计应当能够激发学生的思维和创造力，培养他们的问题解决能力和团队合作意识。因此，任务驱动教学法的核心思想是通过真实的任务情境，让学生能够在实践中学习，并将所学知识应用到实际问题的解决中。

与传统的课堂教学相比，任务驱动教学法具有独特的特性。其一，它注重学生在教学中的主体地位，学生成为学习的中心。教师在任务驱动的教学中更多地扮演指导者和引导者的角色，鼓励学生主动探索和合作学习。其二，任务驱动教学法注重学习的实际应用，强调学习与实际问题的联系。学生通过完成真实的任务，能够将所学的理论知识转化为实践技能。其三，任务驱动教学法注重培养学生的自主学习能力和团队协作能力。学生在任务中需要自主思考和解决问题，同时还需要与他人进行合作和交流，共同完成任务。

高职院校任务驱动教学法作为一种创新的教学方法，以任务为核心，通过学生主体参与、实践应用和团队合作等方式，促进学生的综合素养和实践能力的发展。它的特性在于注重学生的实际应用能力培养，促使学生更好地适应社会的需求和挑战。在高职院校教育中，任务驱动教学法具有重要的意义和价值，为学生的个人发展和职业准备奠定基础。

（二）高职院校任务驱动教学法的应用

高职院校任务驱动教学法作为一种创新的教学方法，受到越来越多教育工作者的重视和应用。其主要特点是以任务为导向，通过学生参与实际问题解决的任务来推动学习过程，培养学生的实践能力和问题解决能力。

高职院校任务驱动教学法的应用需要确立清晰的任务目标。在教学过程中，教师应该根据所教学科的特点和学生的实际情况，确定具体的任务目标，明确学生需要达到的能力和技能水平。这样，才能确保任务的设计与学生的实际需求密切相关。

高职院校任务驱动教学法的实施需要注重学生的主动参与和实践操作。教师应该提供一个具体的任务场景，让学生真实地参与其中，并且从实际问题中获取知识和经验。例如，在电子电路实验课程中，学生可以被分配一个具体的任务，比如设计一个控制电路，然后通过自主学习和实验来完成任务。通过这样的实践操作，学生不仅能够巩固理论知识，还能够培养实际操作能力。

高职院校任务驱动教学法的应用还需要注重团队合作和交流。在任务的实施过程中，教师可以将学生分为小组，让他们一起合作解决问题。通过小组合作，学生可以相互之间进行交流、讨论和协作，互相学习和借鉴。同时，学生也能够培养团队协作和沟通能力，更好地适应未来工作中的合作环境。

高职院校任务驱动教学法的应用需要进行有效的评估和反馈。在任务完成后，教师应该对学生的表现进行评估，了解他们在任务中的能力提升情况。通过评估结果，教师可以提供及时的反馈和指导，帮助学生不断改进和提升。

高职院校任务驱动教学法的应用不仅能够提高学生的实践能力和问题解决能力，还能够培养学生的团队合作和沟通能力。通过合理的任务设计和有效的教学实施，高职院校任务驱动教学法将成为教育教学领域的一项重要创新。

（三）高职院校任务驱动教学法的效果评估

任务驱动教学法作为一种推动学生主动学习的教学方式，在高职院校中得到了广泛的应用。然而，对于教学方法的实施效果进行评估是必不可少的。

在任务驱动教学法的效果评估中，需要考察学生的学习动力和积极性。任务驱动教学法要求学生主动参与实际问题解决过程中，需要激发学生的兴趣和动力。评估学生的学习动力可以通过学习参与度、学习态度和学习表现等方面进行。例如，可以观察学生在任务驱动教学中的学习主动性和积极性是否提升，是否对任务产生兴趣并自觉地参与其中。

在任务驱动教学法的效果评估中，需要关注学生的问题解决能力和实践能力的提升情况。任务驱动教学法注重培养学生的问题解决和实践能力，因此评估学生在任务中的具体表现是必要的。可以通过设计相关的评估任务，观察学生是否能够独立思考和解决问题，是否能够应用所学知识进行实际操作等。可以通过课堂观察和学生作业等方式记录学生的表现，从而评估任务驱动教学法对学生问题解决和实践能力的影响。

在任务驱动教学法的效果评估中，还需要考虑学生跨学科应用能力的发展情况。任务驱动教学法注重培养学生的综合能力，因此评估学生在任务中的跨学科应用能力是非常重要的。可以设计相关的评估任务，观察学生是否能够跨学科地运用所学知识和技能，是否能够进行综合性的思考和分析等。通过评估学生在任务中的综合能力表现，可以判断任务驱动教学法对学生跨学科应用能力的培养效果。

高职院校任务驱动教学法的效果评估需要从学习动力和积极性、问题解决和实践能力，以及跨学科能力等方面进行综合性的评估。通过评估结果，可以进一步改进任务驱动教学法的实施措施，从而更好地促进高职院校的教学质量和学生的综合能力。

四、分组教学法

（一）高职院校分组教学法的定义与特性

高职院校分组教学法是一种以团队合作为基础的教学方法，通过将学生分为小组，让他们在小组内进行互动合作、互相学习和共同解决问题。这种教学方法以学生为中心，注重培养学生的综合能力和团队精神。高职院校分组教学法具有以下几个特性。

分组教学法能够激发学生的学习兴趣和积极性。在小组内，学生会主动参与讨论、分享自己的观点和经验，而不再是被动地接受知识。这种积极的学习氛围能够激励学生主动思考和探索，提高他们的学习兴趣。

高职院校分组教学法有助于培养学生的沟通合作能力。在小组内，学生需要相互交流、分享信息，协作完成任务。通过与组员的互动，学生可以提高自己的口头表达能力、倾听能力和合作能力，培养良好的团队合作意识。

分组教学法还能够促进学生的主动学习和自主发展。在小组内，学生需要根据实际的任务进行独立思考和自主学习。他们可以通过讨论、研究和解决问题来积累知识和提高技能。这种主动学习的过程能够培养学生的自主学习能力和问题解决能力。

高职院校分组教学法能够提供一个多元化的学习环境。小组内的学生来自不同的背景和专业，拥有不同的思维方式和观点。通过与组员的互动，学生可以接触到各种不同的想法和见解，拓宽自己的视野。这种多元化的学习环境能够激发学生的创新思维，培养他们的跨学科应用能力。

高职院校分组教学法是一种以学生为中心、注重团队合作的教学方法。它能够激发学生的学习兴趣和积极性，培养学生的沟通合作能力，促进学生的主动学习和自主发展，提供一个多元化的学习环境。在高职院校的教学实践中，我们应该充分发挥分组教学法的优势，不断改进和完善这一教学方法，为学生的全面发展提供良好的支持和保障。

（二）高职院校分组教学法的应用

在应用分组教学法时，高职院校需要明确分组的目的和原则。例如，可以根据学生的兴趣爱好、专业背景和学习能力进行分组，这样可以提高学生的积极性和学习效果。也需要注意组内的学生人数不宜过多，以便保证每个学生都能参与到活动中，并充分发挥自己的作用。

高职院校需要为分组教学法提供相应的支持和资源。例如，可以建立专门的分组教学实验室或工作室，为学生提供进行小组讨论和项目实践所需的设备和材料。学校还可以邀请行业专家或相关教师指导和评价分组教学活动。

在应用分组教学法时，高职院校需要注重培养学生的团队合作能力和问题解决能力。分组活动的设置应要求学生相互协作、分工合作，以解决真实问题和挑战。

高职院校还应该注重对分组教学活动的评估和反馈。可以通过观察和记录学生在分组活动中的表现、成果和反思，来评估学生的学习效果。学校还可以邀请学生进行自我评价和互评，以促进学生的自我提升和团队合作能力的进一步发展。

总体而言，高职院校分组教学法的应用是一项复杂而有挑战的任务。通过明确分组目的和原则、提供支持和资源、培养团队合作能力和问题解决能力以及评估和反馈，可以有效地提升学生学习效果，提高高职院校的教学质量，促进产教融合的发展。因此，在实际教学中，高职院校应该积极探索适合自身特点的分组教学模式，推动教育教学改革与创新，为学生的职业发展提供有力的支持。

（三）高职院校分组教学法的效果评估

为了全面了解高职院校分组教学法的实际效果，需要进行有效的评估。下面将列举对分组教学法进行评估的几个角度，并提出具体的评估指标和方法。

我们可以从学生的表现和学习成绩来评估分组教学法的效果。通过对比使用分组教学法与传统教学方法的学生成绩，可以直观地了解到分组教学法对学习成绩的影响。还可以通过观察学生在分组教学中的主动参与程度、合作能力的提高程度以及对学习内容的理解水平等方面，来全面评估该教学方法的效果。

我们可以通过问卷调查和访谈等方式来获取学生的反馈意见。通过向学生发放相关问卷并收集他们的回答，可以得知学生对分组教学法的主观感受和评价。通过与学生进行深入交谈，可以进一步了解他们对分组教学法的理解、接受程度以及对学习过程中遇到的问题和困惑的帮助程度，从而评估分组教学法的效果。

我们还可以观察教师在分组教学中的角色转变和教学成效。分组教学法要求教师转变为学习的引导者和组织者，通过激发学生的学习兴趣和动力，引导他们自主学习和合作学习。通过观察教师在实施分组教学法时的角色表现，以及学生对教师的认可程度和评价，可以判断该教学方法是否有效提升了教学水平。

我们还可以通过对比使用分组教学法前后的学校录取率、就业率和毕业率等数据，来评估分组教学法对学生培养效果的影响。高职院校的教学目标主要是培养学生的实践能力和职业素养，通过分组教学法培养学生的团队合作能力、实际操作能力和问题解决能力，应当能够对学生的就业和毕业率有所改善。

第四章　高职院校产教融合的实践探索

第一节　专业课程设置与产业对接

一、产业需求分析与专业设置的关系

在高职院校中，产业需求分析是专业设置的重要依据。通过深入了解产业的发展趋势和需求特点，将其与专业设置相结合，能够提供与时俱进的专业课程，培养符合产业要求的高素质人才。

进行产业需求分析对于专业设置起到了关键性作用。通过与相关产业企业的密切合作，我们可以了解到实际工作对人才的需求。这些需求可能体现在对技能、知识和能力的要求上，我们将这些需求融入到专业设置中，能确保培养出具备相应实践能力的毕业生。

将产业需求与专业设置相结合，能够形成科学合理的专业课程体系。通过分析产业的发展趋势和重要领域，我们可以确定核心课程和专业选修课程。另外，针对不同专业，我们可以侧重培养学生相关的实践能力、创新思维和团队合作精神，以适应快速变化的产业环境。

举例来说，当分析到与某个专业相关的产业的需求包括对数据的分析和信息系统的开发时，我们可以设置相关的课程。通过这样的课程设置，学生能够获得利于就业的知识储备和技能。

在专业设置过程中，我们也要考虑到产业发展的多样性。不同行业的产业需求存在差异，而且随着时代的发展和科技的进步，产业需求也会不断变化。因此，我们需要持续进行产业需求分析，并及时对专业设置进行调整和优化，以保持与产业的紧密对接。

产业需求分析与专业设置紧密相连，相互影响。通过科学地分析产业需求，我们可以合理设置专业课程，为高职院校培养出与产业需求相匹配的优秀人才奠定基础。这不仅对学生个人发展有益，也有助于推动高职院校产教融合的进一步发展。

二、课程内容设计与产业需求对接

在高职院校中，专业课程的内容设计与产业需求的对接是实现真正产教融合的关键一环。只有将课程内容与产业需求相契合，才能培养出符合市场需求的专业人才，从而提高高职毕业生的就业竞争力和就业质量。

课程内容的设计必须以产业需求为导向。通过深入了解产业发展的现状和趋势，分析行业对人才的需求特点和技能要求，从而确定专业课程所需涵盖的知识、技能和能力。例如，在金融专业中，随着金融科技的快速发展，课程内容设计应紧密结合金

融科技的相关知识与技能，使学生具备应用金融数字化、智能化技术的能力。

课程内容的设计应注重实践性与应用性。在高职教育中，培养学生的实践能力是非常重要的，因此，在课程的设计中要注重培养学生的实际操作和解决问题的能力。产业界的需求是以实际工作为基础的，因此，在课程中引入实际案例和项目，让学生能够通过实践来掌握和运用所学知识和专业技能。

课程内容的设计还应关注产业发展的前沿和创新。随着科技的不断进步和社会的快速变化，产业需求也会不断演变和更新。因此，课程设计需要关注产业发展的前沿领域，引入最新的理论与技术，培养学生的创新思维和应用能力。例如，在计算机科学专业中，课程的内容设计应紧跟人工智能、大数据分析等新兴领域的发展，培养学生在相关领域的创新能力和应用能力。

课程内容的设计需要与产业界保持紧密的沟通与合作。通过与企业、行业协会等进行合作，可以及时了解产业需求变化，调整课程内容，确保专业课程的针对性和实用性。同时，还可以为学生提供实习、实训等机会，将理论知识与实践经验相结合，增加学生的就业竞争力。

课程内容设计与产业需求的对接是高职院校产教融合的关键环节。实现专业课程内容与产业需求的高度契合，可以为学生的就业和就业质量提供有力支撑，同时也为产业发展提供了源源不断的专业人才储备。

三、课程设置效果评价

为了有效合理地设置专业和课程，需要评价专业课程设置与产业对接的效果。要对专业和课程的设置进行系统的评估和分析，可以从以下几个关键方面进行评价。

第一，通过学生适应能力评估来衡量课程设置对学生的培养效果。适应能力评估可以通过测验、问卷调查和实际操作分析等方式来进行。通过这些评估手段，我们可以了解学生在专业知识、实践能力、沟通和协作能力等方面的发展情况，进而评估课程设置在提高学生综合素质方面的成效。

第二，关注课程设置与产业需求对接的紧密程度。这可以通过与相关产业企业进行交流、调研来实现。我们可以邀请企业代表参与专业和课程设置评估，了解高职院校课程设置与产业需求的对接情况。

第三，考虑课程设置对学生创新创业能力的培养作用。创新创业是现代社会对高职院校毕业生的重要要求之一。为了评估课程设置对学生创新创业能力的影响，我们可以通过学生创新成果的数量和质量、学生参与创业项目的情况等方面进行评估。

第四，考虑课程设置对学生就业和职业发展的影响。通过对毕业生就业情况的跟踪调查，我们可以评估课程设置在提高学生就业竞争力方面的效果。此外，我们还可以关注毕业生的职业发展状况，了解他们在职场中所展现出来的能力和整体素质，以评估课程设置对学生职业发展的支持程度。

通过对学生适应能力发展情况、与产业需求对接情况、学生创新创业能力培养和就业职业发展情况等多个方面的评价，我们可以全面了解课程设置与产业对接的效果。在评价过程中，我们需要结合具体的数据和案例，进行客观分析，以便更好地调整和优化课程设置，为学生提供更好的培养体验和职业发展机会。

四、专业课程设置与产业对接成功案例分析

专业课程设置与产业对接在高职院校的产教融合中起着至关重要的作用。通过将课程内容与产业需求相衔接，可以提高学生的就业竞争力、培养高素质的人才，并有效促进产业的发展。下面将通过分析一些成功的案例，探讨课程设置与产业对接所取得的成果与经验。

（一）案例一：某高职院校电子商务专业的实践

该高职院校的电子商务专业面向电子商务产业，通过与当地电商企业合作，设置了与产业需求紧密对接的课程。首先，该专业根据电商企业的招聘需求，整合了相关课程，如电子商务平台运营、电子商务数据分析等。其次，为了让学生真实地感受到电商行业的工作环境，该专业还组织学生参与实地实训，亲身参与企业的电商运营和管理工作。最后，该专业还注重培养学生的创新能力和团队合作精神，设置了创业课程和团队项目，让学生在学习中培养创新创业的素养。

该案例表明，通过与产业密切合作，高职院校通过合理的课程设置可以更好地满足产业需求，培养与市场需求相适应的人才。

（二）案例二：某高职院校机械设计专业的实践

机械设计专业是一个依赖于制造业的核心专业。为了与制造业产业对接，该高职院校的机械设计专业紧跟技术发展潮流，设置了与产业需求紧密结合的课程。首先，该专业注重基础理论知识的教学和实践操作能力的培养，设置了机械制图、机械设计等课程。其次，该专业与当地机械制造企业合作，提供实习机会，让学生在实践中将所学知识应用到实际项目中。最后，该专业还注重培养学生的创新设计能力，设置了创新设计课程和项目，鼓励学生提出创新的机械设计方案。

通过该案例的分析，可以看出，高职院校的机械设计专业通过与制造业的产业对接，可以培养出更具实践能力和创新精神的专业人才。

第二节 "双师型"师资队伍的建设

一、"双师型"师资队伍的内涵与重要性

（一）"双师型"师资队伍的内涵解析

"双师型"师资队伍是指具备专业知识和实践经验的产业界教师与教育界教师相结

合的师资队伍。与传统的单一教师模式相比，"双师型"师资队伍将产业界和教育界的优势相结合，形成了一支具备丰富实践经验和专业知识的师资力量。这种师资队伍是高职院校产教融合的重要组成部分，也是推动高职教育创新发展的重要力量。

"双师型"师资队伍具备丰富的产业经验和实践能力。这些教师在产业界拥有多年的工作经验，熟悉行业的最新发展动态和实际工作需求。他们能够将自己在实践中积累的经验和知识传授给学生，使学生能够更好地适应社会的发展和就业需求。

"双师型"师资队伍具备教育教学的专业知识和能力。他们不仅具备扎实的学科知识，还具备教学方法和教育理念方面的专业素养。他们能够有效地组织教学过程，运用现代教育技术手段，激发学生的学习兴趣，提高学生的学习效果。

在高职院校的产教融合中，"双师型"师资队伍发挥着重要的作用。他们能够将产业界的最新发展和实践经验融入教学中，加强理论与实践的结合，提高学生的综合素质和就业竞争力。同时，他们的教学和实践经验也能够为产教融合指引方向。

总体而言，"双师型"师资队伍作为高职院校产教融合的重要组成部分，高职院校应该重视"双师型"师资队伍的培养和发展，搭建良好的发展平台，促进师资队伍的持续发展与创新。高职院校应该积极培养和选拔具备产业经验和教育能力的教师，提供相关的培训和发展机会，使他们能够不断提升自己的教育教学水平和实践能力。此外，高职院校应该搭建一个良好的师资发展平台，鼓励教师参与教学研究和学术交流，不断拓展自己的学术视野和理论素养。

（二）"双师型"师资队伍在高职教育中的重要性

"双师型"师资队伍的建设对于高职教育的发展具有重要而深远的影响。"双师型"师资队伍在高职院校产教融合的实践中，能够有效提升教育教学质量。由于"双师型"师资队伍具备产业经验和教学经验的双重优势，他们能够实时了解产业发展的最新动态，并将这些前沿知识和技术融入到教学中。通过他们的实践指导和案例分享，学生们能够更加深入地了解理论知识的实际应用，提升实践能力和创新思维。

"双师型"师资队伍的教学能够促进学生的职业素养和就业竞争力的提升。"双师型"师资队伍不仅注重学生的专业知识培养，更重视培养学生的实际操作能力和解决问题的能力。他们能够引导学生在实践中学习，通过实际项目的参与和实地考察的方式，培养学生的实际工作能力、团队合作精神和创新思维。这为学生将来的就业增强了竞争力，能够更好地适应社会对高素质人才的需求。

"双师型"师资队伍还能够推动产业和学校的深度合作，实现产教融合的良性循环。通过与产业界密切的合作，高职院校能够更好地对接产业需求，及时了解最新的行业动态和技术发展趋势。"双师型"师资队伍作为产业和学校之间的桥梁和纽带，能够促进双方的交流与互动，实现知识、人才和技术的共享。通过双方的合作，高职院校能够为产业提供优秀的人才，同时产业界也能够为学校提供实践基地和实际案例资源。

"双师型"师资队伍对高职教育的影响是全方位的。他们的存在使得高职院校能够更好地适应社会和产业的发展需求，提升教育教学质量，培养学生的实践能力和创新思维，推动产学合作的深入发展。因此，建设和发展"双师型"师资队伍是高职教育产教融合持续发展的重要策略，应该引起高职院校的重视。

二、"双师型"师资队伍的培养

（一）学历教育与职业培训相结合的培养途径

学历教育与职业培训相结合是培养高职院校"双师型"师资队伍的重要途径之一。学历教育作为传统的教育模式，注重理论知识的传授和学术背景的培养，可以提供师资队伍所需的专业素养和学科知识体系。然而，学历教育往往缺乏实际操作能力的培养，限制了师资队伍的实践能力和创新能力发展。

为了弥补学历教育的不足，职业培训成为必要的补充。职业培训注重实践技能的培养和职业素养的提升，可以让师资队伍熟悉实际工作环境，了解职业需求和行业动态。通过职业培训，师资队伍可以获得更多的实操经验，提升自身的专业水平和教学技能。

学历教育与职业培训的相结合，可以实现知识与实践的有机融合。在培养"双师型"师资队伍的过程中，学历教育提供了理论基础和学科知识的积累，而职业培训则帮助师资队伍将理论知识应用于实际工作中。学历教育和职业培训的相互补充，可以培养出既懂理论又有实践经验的"双师型"师资队伍。

在实施学历教育与职业培训相结合的培养途径时，高职院校可以采取以下策略。首先，制定合理的课程设置，将理论教学与实践教学相结合。例如，在课程设置中增加实训课程、实习实训和项目实践等，让师资队伍能够亲自参与实际操作，提升实践能力。其次，建立学院与企业合作的实践基地，为师资队伍提供实践机会和职场体验。通过与企业合作，师资队伍可以了解实际工作需求，与企业专家共同研发教学方案，提高教学质量和实践效果。最后，加强教师培训和职业发展支持。为师资队伍提供定期的培训和职业发展指导，增强教师的专业素养和教学能力。

学历教育与职业培训相结合的培养途径是培养"双师型"师资队伍的重要举措。通过学历教育和职业培训的有机融合，可以培养出既懂理论又懂实践的"双师型"师资队伍，为高职院校的产教融合发展提供有力支持。

（二）校企合作的培养模式

通过与企业紧密合作，高职院校能够更好地培养出更具行业实践经验的"双师型"师资队伍。

1. 为师资队伍提供实践基地

与企业合作，师资队伍可以深入了解行业最新的发展动态、技术变革和市场需求。通过在实践基地锻炼，教师能够更好地理解和把握当前职业所需的知识和技能，从而更好地将其传授给学生。

2. 促进教师与企业的交流和互动

通过与企业的合作，教师能够更好地了解企业的需求和期望，紧密结合需求发展自身，培养学生。同时，教师还可以与企业专家进行交流合作，不断更新自身的知识和教学方法，提高教学质量和效果。

在校企合作的培养模式下，师资队伍能够更好地了解行业需求，充分利用企业资源，发展为具备实践能力的"双师型"教师。因此，校企合作的培养模式是高职院校产教融合双师型师资队伍的重要途径之一。

（三）教育实践与教学研究促进师资队伍的培养

在高职院校产教融合"双师型"师资队伍的培养中，行业实践和教学研究被视为至关重要的培养方法之一。行业实践旨在让师资队伍深入实践领域，与行业内企业紧密合作，从而提高专业素质和职业技能。教学研究则注重师资队伍对教育教学问题的深入探索，促进教学理念和教学方法的创新与改进。

行业实践的核心思想是将教育与实际工作相结合，让师资队伍参与实际项目，了解行业现状和需求，并将这些实践经验融入到教学中。教育实践可以通过参与企业实训、行业考察、项目实施等形式来实现。师资队伍通过实践，不仅能够提升自身的实践能力，还可以深入了解行业的最新动态和发展趋势，从而更好地培养学生的职业技能和解决实际问题的能力。

教学研究的目的在于探究教育教学中的问题所在并寻找解决办法，以提高教学质量和学生成绩。师资队伍可以通过参与教学研究项目、进行教学反思等方式来进行教学研究。通过教学研究，师资队伍可以不断改进教学方法，探索适合不同学生特点的教学策略，提高教学效果和学生的综合素质。

行业实践和教学研究的培养方法相互促进、相互融合。在教学研究的过程中，师资队伍可以将自己在教学研究中总结出来的经验和成果转化为行业实践的理论指导。反过来，行业实践也可以为教学研究提供实践数据和案例，为研究提供实证基础。

行业实践和教学研究是培养高职院校产教融合"双师型"师资队伍的重要方法，行业实践可以提高师资队伍的实践能力和专业技能，教学研究则能够促进教学的创新和改进。双师型师资队伍应当积极参与行业实践和教学研究，不断提升自身能力，推动高职院校产教融合教育的发展。

三、"双师型"师资队伍的激励机制与评价标准

（一）制定合理的激励机制

在高职院校中，制定合理的激励机制是建立和发展"双师型"师资队伍的重要一环。激励机制的设计应该着眼于提高教师的教学热情、能力和积极性，同时激励教师积极参与产教融合实践，推动教学、实践与产业之间的有效对接。

1. 注重绩效考核和奖励激励

通过量化的绩效考核指标，可以客观评估教师的教学水平和参与产教融合实践的贡献度。这些指标可以包括学生成绩、论文发表、项目参与等方面的表现。在考核的基础上，设立奖励制度，对取得优异成绩的教师进行及时、公正的表彰，既可以是物质奖励，也可以是荣誉称号颁发，以激发教师的积极性和创造性。

2. 考虑教师的个人成长和发展需求

通过为教师提供专业发展机会，如参加学术研讨会、培训课程等，帮助教师更新知识、提升能力。同时，高职院校还可以设立专业技术职务评审机制，为教师提供晋升的机会和平台，从而鼓励教师不断学习和发展专业。

3. 考虑教师与企业合作的回报

高职院校与企业的合作是产教融合的重要环节，教师积极参与产教融合实践对于教学质量的提升和教师的职业发展都具有重要意义。因此，激励教师参与产教融合实践可以包括给予一定的课题研究经费、提供指导学生实习的机会、与企业共同研发项目等。这样的回报不仅能够激发教师的热情，还可以提升教师的专业素养和职业发展空间。

（二）建立多元化的评价标准

为了确保高职院校产教融合实践中"双师型"师资队伍的质量，我们必须建立多元化的评价标准。评价标准应该能够客观、全面地评估师资队伍的能力和表现，以便更好地激励师资队伍的发展，并提高他们的工作积极性和创造力。

首先，多元化的评价标准应该包括对师资队伍的教学能力、专业能力和创新能力等方面的评估。对于教学能力的评价，可以考虑学生评价、同行评价以及教学成果评价等。专业能力的评价可以通过科研成果、学术论文评级以及专业考试等来进行。而创新能力的评价则可以考虑师资队伍在教学设计、课程改革等方面的表现。

其次，建立多元化的评价标准还需要考虑个体差异。不同的教师在教学风格、教学方法以及教学目标方面存在差异，因此评价标准应该考虑到这些差异，并根据每个师资队伍成员的特点来制定评估指标。这样能够更加公平、准确地评估师资队伍中每个成员的工作表现。

再次，建立评价标准应该注重综合评价。单一的评价指标可能无法全面反映师资队伍的工作能力和表现，因此综合评价的方法应该得到重视。可以结合定量指标和定性指标，综合考虑师资队伍成员的教学质量、教学效果、教育理念以及与企业合作的成果等方面，从而得出全面的评估结果。

最后，多元化的评价标准要与实际需求相结合。高职院校的产教融合教育目标是培养能够适应市场需求的人才，因此教师的评价标准应该参考市场的需求。考虑到行业的变化和发展，评价标准应该具有灵活性，能够及时调整和更新，以确保师资队伍的培养目标与社会需求的匹配度。

总之，建立多元化的评价标准对于高职院校产教融合下"双师型"师资队伍的发展具有重要意义，这样的评价标准可以激发师资队伍的积极性和创造力，提高他们的工作质量和教学水平，从而为高职院校产教融合的持续发展提供有力支撑。

（三）以人为本的激励措施

以人为本的激励措施是构建高职院校产教融合双师型师资队伍激励机制的重要组成部分。高职院校应注重关注教师的个人需求和成长，为其提供良好的发展环境和机会，以激发其积极性和创造力。

高职院校应建立健全的职业发展体系，为教师提供广阔的发展空间。明确的职称晋升路径、岗位职责和薪酬体系，能让教师清晰地了解自己在职业生涯中的发展方向和目标。高职院校还可以设立专项资金，支持教师参加专业培训、学术交流和科研项目，提高其专业水平和学术能力。

激励措施应充分考虑教师的个人成长和发展需求。高职院校可以根据教师的专业特长、兴趣爱好和发展方向，为其制定个性化的职业发展计划和培训方案，并提供相应的支持。高职院校还可以设立奖学金或津贴制度，鼓励教师持续学习和研究，进一步提升其专业素养和教学能力。

在激励措施中，高职院校还应重视对教师的工作贡献进行充分的认可和激励。通过设立教学、科研和社会服务等方面的评优奖励制度，高职院校可以激发教师的工作积极性和创造力。

高职院校应注重对教师的关怀和支持。通过建立健全的福利体系，高职院校可以为教师提供良好的工作和生活条件，增强其归属感和幸福感。此外，高职院校还可以设立定期的教师交流和心理辅导活动，关心教师的身心健康，提高其工作满意度和工作效能。

以人为本的激励措施能促进双师型师资队伍的持续发展。相信通过不断完善以人为本的激励措施，高职院校的师资队伍将实现质的提升，为高等教育的发展做出更大的贡献。

（四）采取能持续推动优化的评价方法

为了更好地评价高职院校产教融合双师型师资队伍的质量和效果，我们需要建立一套能持续推动优化的评价方法。这将有助于发现问题、改进措施，并持续促进师资队伍的发展。

我们可以通过教师定期的自我评估来评价师资队伍的表现。通过让教师们自己进行评估，我们能够听取他们对自己工作的认知和反馈。自我评估可以帮助教师们发现自身的优点和不足之处，从而激励他们进一步提升自己的能力。

我们可以引入同行评议机制。通过向其他教师征求意见和建议，我们能够获得更多的反馈和反思角度。同行评议可以让教师们相互学习和交流经验，促进教学水平的提高。同行评议也可以鼓励教师们关注整个团队的发展，共同营造良好的教学环境。

我们可以采用学生评价的方式来评估师资队伍的教学效果。学生是教学的直接受益者，他们的意见和建议对于教师的成长十分重要。通过学生评价，我们能够了解教师在教学过程中的优势和不足，进而针对问题进行改进。

我们还可以结合外部专家评估和考核体系，来评价师资队伍的整体质量。引入外部专家的视角和意见，能够提供更客观、全面的评估结果。这种评估机制不仅能够为师资队伍的发展提供指导，还能够增加外部的监督与引导，提高整体的教学水平。

能持续推动优化的评价方法可以帮助我们全面了解双师型师资队伍的表现和发展状况，并及时采取有效的措施进行改进。这样的评价方法有助于推动双师型师资队伍的不断完善与发展，促进高职院校产教融合的高质量发展。

四、"双师型"师资队伍的持续发展策略

（一）加强师资队伍建设的制度保障

为了确保高职院校产教融合双师型师资队伍的持续发展，我们需要从多个层面持续加强制度建设，以确保师资队伍的稳定性、专业性和发展性。

1. 建立健全师资队伍的招聘与选拔制度

该制度应该明确教师的岗位需求，制定明确的招聘标准和程序，并通过公开、公正、公平的选拔过程，选拔出适合的人才加入"双师型"师资队伍。应该重点选拔具备产业实践经验和实践技能的教师，以满足"双师型"师资队伍的建设需求。

2. 完善师资队伍的培养与发展机制

这包括制定个性化的教师发展计划和职称晋升制度，为教师提供持续的培训、学习和进修机会。要加强对教师在职业发展过程中的指导和支持，激励他们不断提升教学质量和教育水平。

3. 建立健全师资队伍的激励机制

通过建立合理的薪酬制度、奖励制度和评价体系，激励教师在产教融合教育中取得优异的成绩。也应该鼓励他们发挥专业特长，促进创新与实践。

4. 加强师资队伍的交流与合作

通过与其他高职院校、行业企事业单位等的合作交流，教师可以相互学习、借鉴经验，不断提升自身的教学水平和专业素养。同时，也可以促进师资队伍之间的合作和资源共享，实现优势互补，提高整体师资队伍的整体素质。

加强师资队伍建设的制度保障是保证高职院校产教融合"双师型"师资队伍持续发展的重要举措。通过建立健全的招聘与选拔制度、培养与发展机制、激励机制以及合作交流机制，可以不断提升师资队伍的能力与素质水平，为高职院校的产教融合教育提供可持续的支持和保障。

（二）深化校企合作，实现资源共享

在"双师型"师资队伍的持续发展策略中，深化校企合作是一个重要的方面。校企合作是高职院校产教融合的核心内容之一，旨在通过与企业的深度合作，实现资源共享，为学生提供更加实践性和职业化的教育环境。

深化校企合作可以帮助高职院校建立起更加紧密的联系，从而帮助教师培养与产业发展趋势相匹配的能力。通过与企业合作开展项目，高职院校教师队伍能够接触行业的前沿技术与管理模式，通过学习、研究和实践，教师能够将其转化为自身的能力储备。

校企合作也能够带来资源共享的效益。通过与企业合作，高职院校教师队伍可以共享企业的先进技术、设备和管理经验，企业也能够受益于高职院校的科研成果和人才培养成果，实现知识和人才的双向流动，促进产学研深度融合。这种资源共享的机制不仅能够推动产业创新和升级，也能够促进教师队伍的发展。

在深化校企合作的过程中，建立起有效的合作机制和平台，也能为教师队伍的可持续发展服务。高职院校应积极寻求企业合作伙伴，建立起稳定的长期合作关系。同时，还应加强与企业的沟通和交流，了解企业的发展情况，取长补短，让教师队伍始终活跃在行业发展的前沿，保持其专业水平。

第三节　实习实训基地的建设与管理

一、实习实训基地的功能与定位

（一）实习实训基地的功能研究

实习实训基地建设是高职院校产教融合的重要组成举措。实习实训基地具有多种

功能，首先，它是学生实习实训的重要场所和平台。通过在实习实训基地进行实践操作和技能培训，学生可以将理论知识应用于实际操作中，提升实践能力和解决问题的能力。其次，实习实训基地还承担着开展科研与创新的功能。通过与产业界合作，实习实训基地可以挖掘产业的实际问题和需求，并为师生提供科研创新的平台，促进技术的创新和实践的改进。再次，实习实训基地还具有产学研合作的功能。通过与企业、专业机构等合作，基地可以促进产学研三方合作，实现资源共享和优势互补。最后，实习实训基地还可以为学生提供职业指导和就业辅导。通过与企业合作，基地可以了解当前就业市场的需求，为学生提供就业指导和职业规划，帮助他们更好地适应社会发展需求。

通过深入研究实习实训基地功能与定位的关系，我们可以进一步明确基地的目标和发展方向，提高基地的实践教学效果和服务质量，为培养适应社会需求的高素质人才做出贡献。

（二）实习实训基地的定位研究

针对高职院校实习实训基地的定位问题，我们需要明确其定位目标和发挥的作用。

第一，实习实训基地的定位应与高职院校的专业特色和定位相一致。高职院校的专业特色和办学定位决定了其培养的人才需具备的专业技能和实践能力，而实习实训基地应作为配套的实践教学平台，为学生提供与专业特色和定位相符的实训环境和实践机会。例如，对于电子信息工程专业，实习实训基地可设立电路实验室、智能控制实验室等，以提供学生开展相关实验和项目的实践机会。

第二，对于实习实训基地的定位应考虑社会需求和行业发展趋势。随着社会经济的不断发展和科技的快速进步，各行各业对高素质、应用型人才的需求也越来越迫切。因此，实习实训基地应通过与企业合作、开展产业项目等方式，实现产学研一体化，提高学生的实践能力和就业竞争力。例如，在信息技术行业蓬勃发展的背景下，可以通过与相关企业合作成立信息技术实训基地，为学生提供与行业需求相符的实训机会，提高他们的创新能力和实践能力。

第三，实习实训基地的定位还应与学校的资源和实力相匹配。不同学校在师资力量、实验设备、校企合作等方面具有不同的优势和特色。因此，要充分考虑学校自身的资源和实力，确定适合的实习实训基地定位。例如，学校拥有一支优秀的教师队伍和良好的实验设备，可以将实习实训基地定位为开展创新实验和科研项目的平台，为学生提供更好的科研实践机会。

总而言之，高职院校实习实训基地的定位应与专业特色和学校定位相一致，考虑到社会需求和行业发展趋势，同时也要充分利用学校的资源和实力，为学生提供与实际需求相符的实践教学环境和机会。同时，在定位的过程中，要注重与企业和行业的紧密合作，实现产学研一体化，为培养更多高素质、应用型人才奠定基础。

（三）实习实训基地的功能与定位的关系

在高职院校实习实训基地建设中，功能与定位是密不可分的。功能是指实训基地所承担的具体任务和实施的具体内容，而定位则是指实习实训基地在整个产教融合体系中所处的位置和在教育教学体系中的地位。

实习实训基地的功能和定位是相辅相成的。实习实训基地的功能决定了它所需承担的教学任务和目标，而这些任务和目标又进一步决定了实习实训基地在整个产教融合体系中的定位。例如，若实习实训基地的功能是为学生提供实践操作环境和机会，培养他们实际工作能力，那么它的定位就是一个实践教学的重要场所，与学校教学大纲和课程的实施紧密衔接。

功能和定位之间存在相互影响和调整的关系。实习实训基地的功能与定位是在实践中不断改进和调整的，既受到学校教学目标和需求的影响，也受到产业发展和需求的影响。通过不断调整实习实训基地的功能与定位，可以增强其对学生职业能力的培养，通过与产业紧密结合，提高学生的就业竞争力。因此，功能与定位的关系需要根据实际情况灵活调整，以适应教育和产业的发展变化。

功能与定位的关系需要与其他要素和环节相协调。实习实训基地的功能和定位不能孤立地存在，而是需要与教师队伍、教学设施、实践教学课程等其他要素和环节相协调。例如，为了提供更好的实践操作环境，实习实训基地需要与教师密切搭档，进行实践教学课程的研发和实施。又如，为了满足产业对人才的需求，实习实训基地需要与企业合作，共同开展项目实训，提高学生的实际工作能力。

高职院校实习实训基地的功能与定位密不可分，两者相辅相成、相互影响，与其他要素相协调。只有在功能与定位相统一的基础上，实习实训基地才能真正发挥其育人的作用，促进学生的全面发展与就业竞争力提升。因此，在实习实训基地建设和管理过程中，需要充分考虑功能与定位的关系，并进行合理的调整与协调。

二、实习实训基地的建设

（一）基地建设理念

在高职院校实习实训基地的建设中，其建设理念反映了基地建设的宗旨、定位和目标，是基地建设的核心指导思想。

实习实训基地的建设理念应以学生为中心，注重学生实践能力的培养。学生是基地建设的最终受益者，因此，基地建设的理念要紧密结合学生的实际需求，从学生的角度出发，针对学生的专业特点和就业需求，提供具有针对性和实践性的实习实训内容和环境。

基地建设应体现产教融合的理念，促进校企合作。基地建设中，学校要与实际企业深度合作，实现互利共赢。校内教师和企业导师要形成良好的合作机制，共同为学生提供高质量的实习实训机会和指导。基地建设要促进企业资源的共享和优化，借助企业的技术、设备和专业人才，充分发挥外部资源的优势，提升实习实训的质量和效果。

基地建设还要注重创新与实践的结合。基地建设要积极推动学生的创新思维和创新实践，培养学生的创新意识和创新能力。为此，基地建设要提供具有创新性和开放性的教学环境和资源，鼓励学生开展科学研究、项目实践和创业创新，提升学生的综合能力和竞争力。

（二）建设内容

在高职院校实习实训基地的建设过程中，我们需要明确其具体的建设内容，以确保实习实训基地能够真正发挥其功能。

实习实训基地的建设内容包括实训场地的规划与布局。实训场地是实习实训基地的核心场所，其规划与布局应充分考虑不同专业的需求，合理划分出各类功能区域。例如，对于工程类专业来说，需要有实验室和工作室等专门的学习场所；对于商务管理类专业来说，需要有模拟实践场景和会议室等的适合实训的场地。因此，建设内容应考虑到各专业的差异，提供相应的实训场所。

建设内容还包括实习实训设备的配置与更新。为了保证实习实训的质量和效果，实习实训基地需要配备先进的设备。这些设备需要与行业的最新发展相匹配，并且能够满足学生实践技能培养的需要，同时，基地建设还需要考虑设备的更新与维护，定期更新设备，确保其持续的可用性和有效性。

另外，建设内容还应包括师资力量的培养与引进。实习实训基地的建设需要强调师资队伍的专业能力和教学水平的适配度。因此，建设内容中应包括培养和引进具有实践经验和教学能力的教师。这些教师可以为学生提供全方位的指导和支持，引领学生在实训中获得实用技能和知识。

基地建设还应考虑到工作流程与管理制度的建立。为了确保实习实训基地的正常运行和高效管理，我们需要建立科学合理的工作流程和管理制度。这些流程和制度应涵盖实习实训的各个环节，从学生的申请与安排到实训的考核与评价，确保整个过程能够有条不紊地进行。

（三）建设方式

关于高职院校实习实训基地的建设，可以采取多种策略和方法，以确保建设的顺利进行。以下是几种常见的建设方式。

其一，可以与相关企业合作共建。通过与企业建立合作伙伴关系，借助企业的资源和经验，提供给学生与实际工作场景接轨的机会。这种方式也有助于培养学生的实践能力和职业素养，提高他们的就业竞争力。

其二，可以对现有的校内资源进行改造与优化。高职院校往往有一定的教育资源和设施，可以利用这些资源进行改造和升级。例如，可以将现有的实验室、工作室等转变为实习实训基地，提供给学生进行实践活动。

其三，与行业协会和政府部门进行合作共建。通过与相关的行业协会和政府部门合作，学校可以获得更多的行业信息和资源支持。行业协会可以提供实习实训基地的建设指南和标准，政府部门可以提供相应的政策支持和经费拨款。这种方式有助于提高实习实训基地的质量和规模。

其四，引入外部专业机构进行外包建设。学校可以委托专业机构来负责实习实训基地的建设和运营管理。这样可以减轻学校的负担，同时还能借助专业机构的专业知识和经验，提高实习实训基地的水平和效果。

高职院校实习实训基地的建设方式多种多样，每种方式都有其优势和适用场景。学校可以根据自身的实际情况和需求，选择最合适的建设方式，并在建设过程中不断进行优化和改进，以充分发挥实习实训基地的功能。

三、实习实训基地的管理

（一）基地管理制度

健全有效的管理制度是高职院校实习实训基地正常运营的重要保障。管理制度的建立和实施，可以促进实习实训基地的规范运作，提高教学质量和学生实践能力。在管理制度的设计中，需要考虑以下几个方面。

1. 明确各个管理层级的职责和权力

管理制度应明确规定校方、基地负责人、实习实训指导教师等各个管理层级的职责，确保基地的日常管理与教学工作有序推进。例如，校方需要提供相应的管理支持、制定基地发展规划，基地负责人需要负责基地的日常管理、师资队伍的建设等，实习实训指导教师需要负责学生的实习实训指导等。

2. 建立健全的管理流程和规范化的操作规程

管理制度应明确规定基地各项管理工作的具体操作流程和标准，包括实训项目的开展流程、师资队伍的管理规范、实习学生的管理流程等。通过制定操作规程，可以确保各项管理工作的有序进行，减少管理漏洞和不规范操作，提高管理效率和工作质量。

3. 建立健全的绩效考核和激励机制

基地的管理应设定明确的绩效考核指标和激励机制，根据基地的目标任务和工作需求，制定相应的考核标准，并进行定期评估和反馈。通过健全的绩效考核和激励机制，可以激发基地管理人员和教师的积极性和创造力，推动基地的不断发展和改进。

4. 加强管理信息化建设

管理制度应提倡管理信息化建设，利用先进的信息技术手段，优化管理流程和提升管理效能。建立基地管理信息系统，实现对基地日常管理、师资队伍、实训项目等信息的及时更新和统计分析，为管理决策提供有力支持。

在构建高职院校实习实训基地的管理制度时，需要综合考虑学校的教学教育目标、基地发展需求和学生实践需求等多重因素，并不断进行改进和完善。只有确立科学合理的管理制度，才能实现基地的合理利用，提升教育教学水平和学生的实践能力。

（二）管理方式

在高职院校实习实训基地的管理中，有效的管理方式可以提高实习实训的质量和效果，确保基地的合理利用和持续完善。

基于产教融合的特点，产学合作的管理方式被广泛采用。这种管理方式以校企合作为基础，通过制定合作协议、明确责任和权益等方式，实现双方的良好配合和协调。通过与企业的密切合作，基地可以更好地了解企业的需求和要求，有针对性地开展实习实训活动，提高学生的实际能力和适应能力。

基于项目管理的方式也被应用于实习实训基地的管理中。通过将实习实训活动划分为不同的项目，确定项目目标和关键节点，制定详细的实施计划和任务分工，以及进行团队协作和管理，可以实现对实训活动的有效管理和基地的合理利用。

还可以采用反馈促进改进的管理方式来对实习实训基地进行管理。通过建立有效的反馈机制和评估体系，及时了解学生和企业对实训活动的评价和意见，找出问题所在，并根据反馈结果制定改进措施。这种管理方式可以不断优化实训活动，提高实训质量，使实习实训基地能够更好地适应产教融合的需求。

管理方式的选择还应考虑到基地的规模、特点和发展目标，保持灵活性和可持续性。管理方式与基地的建设相互支持和促进，相互影响和推动。只有在合理的管理方式下，基地才能全面发挥其功能，提高资源共享和优化管理效果。

高职院校实习实训基地的管理方式多种多样，并且与基地的建设紧密相连，我们应根据基地的特点和目标，灵活选取或结合适用的管理方式，以提高实习实训的质量和效果，进一步推动实习实训基地的发展与成功。

（三）管理效果

在高职院校实习实训基地的管理过程中，有效的管理可以提高实训基地的运行效率，促进学生的综合素质提升，加强校企合作，提升实习实训的质量和效果。下面从几个方面来探讨管理效果。

基地的管理效果体现在实训基地的组织与协调能力。一个良好的实训基地管理机构可以有效地组织、协调各种资源，包括师资、设备、场地等，以保证实训活动的正常进行。通过科学合理的规划和安排，管理者能够合理分配各种资源，确保学生能够在实训基地充分实践，进而培养学生的实践能力和创新精神。

管理效果还可以通过学生的综合评价来体现。学生在实训基地的实践活动结束后，应该进行综合评价和反馈。管理者应该收集学生的个人实习报告、实习经验总结、实践项目与工作任务的契合度等材料，进行全面的评估。通过对学生的评价和反馈，可以了解实训基地的管理是否到位，从而及时调整和改进实训基地的管理工作。

实训基地的管理效果还需要与建设相互促进。管理工作不能仅仅停留在维持现状的层面，而应该不断推进和改进实训基地的建设。通过持续的管理与建设，可以不断完善实训基地的教学设备、实践环境和师资力量，提升实训基地的培养能力和竞争力，实现资源共享与优化。

高职院校实习实训基地的管理效果是一个综合性的指标，涉及到各个方面的工作。管理者应该重视实训基地的组织与协调能力发展，综合各方意见对基地管理进行综合评价和反馈，同时不断推进实训基地的建设。只有做好管理工作，才能使实训基地真正发挥出应有的作用，为学生的职业发展和高职院校的产教融合实践做出贡献。

（四）管理与建设的关系

高职院校实习实训基地的管理与建设相辅相成，相互依赖。合理的管理可以为基地的建设提供有力支持，而良好的基地建设也为管理的顺利进行创造良好的条件。下面将从管理与建设的相互关系、管理对建设的促进作用以及建设对管理的影响三个方面进行阐述。

基地管理是基地建设的重要保障，通过规范管理，可以保证基地的正常运行。管理主要包括各项制度的建立、实施和监督，以及教师、学生的参与和管理团队的建设。这些管理措施为基地的建设提供了组织和运行的框架，确保实习实训的顺利进行。基地的建设也为管理提供了具体的依托，为管理者提供了场地、设备和资源的支持，使管理工作更加方便高效。因此，在实习实训基地中，管理与建设是相辅相成、相互促进的关系。

基地管理对基地建设起到了重要的促进作用。基地管理的目标在于优化资源配置，提高实训效果，培养学生的实践能力。通过精细化的管理，可以更好地调动教师和学生的积极性，充分发挥他们的专业特长和创造力。管理者可以根据实际情况进行有效的布局和调配，使基地的建设更加科学合理。管理者还可以通过制定明确的管理流程和标准，规范基地实践教学方法，提高教学质量和实训效果。因此，管理实施得当可以为基地的建设提供有力支撑，推动基地建设不断向更高水平发展。

基地建设对管理也有一定的影响。基地建设在规模、设备、师资等方面的投入，直接决定了管理的难度和范围。建设一个优质的实习实训基地需要投入大量的资源和精力，管理机构需要对这些资源进行合理的配置和使用。同时，建设过程中可能会出现诸多问题和挑战，如预算不足、设备故障等，这些问题要求管理机构具备较强的协调能力。此外，基地的建设还会为管理带来新的挑战和需求，管理机构需要及时调整管理策略，以适应基地建设的发展变化。

在实习实训基地的发展中，管理与建设的相互关系至关重要，管理者需要充分认识到这一点，加强管理与建设的协调与衔接，共同推动基地的发展进步。

四、实习实训基地资源的共享与优化

（一）资源整合

在高职院校实习实训基地建设中，对资源进行整合可以充分利用校内外各方面的资源，实现资源的集中利用和优势互补。对实习实训基地进行资源整合的过程，主要如下。

1. 对现有的资源进行全面的调查和评估

这包括实习实训基地所涉及的场地、设备、师资等资源的情况进行详细了解。通过调查和评估，可以准确把握资源的数量、质量和可用性等方面的情况，为后续的整合工作提供重要依据。

2. 明确资源整合的目标和方向

根据高职院校实习实训基地的定位和需求，明确资源整合的目标和方向非常关键。这需要根据实际情况，明确实习实训基地的功能定位和发展方向，确保资源整合的工作在实际中有针对性和可操作性。

3. 进行资源整合的规划和布局

资源整合并不仅仅是简单地将所有资源放在一起，而是需要对所有资源进行合理的规划和布局。这包括确定资源的分类和各类资源之间的联系与配合关系，使得各类资源能够形成有机的整体，资源之间相互补充和相互促进。

4. 制定资源整合的具体措施和实施方案

资源整合需要有明确的操作方法和步骤，只有通过具体的措施和实施方案，才能实现资源整合的目标。这包括制定资源整合的责任分工，明确每个环节的具体工作内容和完成时间，确保资源整合工作的顺利进行。

高职院校实习实训基地资源整合工作的顺利进行将为优化基地的功能和效果提供重要支持，能进一步推动高职院校产教融合教育的发展。

（二）资源优化

高职院校实习实训基地的资源优化旨在通过合理整合和有效利用各类资源，提高实习实训基地的教学质量和实践效果。资源优化包括对场地设备、师资力量、教学方法等方面的优化，以实现实习实训基地在培养学生综合能力和满足产业需求等方面的目标。

资源优化需要对基地的场地设备进行精心配置和管理。在实习实训基地的规划设计中，应根据专业特点和实践需求，合理布局和配置各类实验室、工作室、讲授场所等。要确保设备设施的更新换代和维护保养，以保证其正常运转和教学效果的提升。还可以与相关企业建立合作关系，共享彼此的设备资源，实现资源的互补和优势互补。

资源优化还需要注重师资力量的培养和利用。教师是实习实训基地发挥其功能的重要支撑力量，他们对学生的实践指导十分重要。因此，建立完善的师资培训机制，加强教师的专业能力和实践经验培养，对于资源优化具有重要意义。

资源优化还需要从教学方法的创新和改进入手。在实习实训教学中，传统的教学方法已经无法满足学生的需求和产业的发展。因此，可以引入案例教学、项目教学、团队合作等新的教学模式，激发学生的主动性和创造力，提高实践教学的针对性和实效性。基地还可以建立实践成果展示平台，将学生的实践项目成果展示给企业、社会和学校等，促进资源共享与优化。

总的来说，资源优化是高职院校实习实训基地建设和管理中的关键环节。通过优化场地设备、师资力量和教学方法，实践基地可以提高教学质量，加强学生实践能力的培养，满足产业需求。资源优化的有效实施，不仅能够提升实习实训基地的实践教学水平和竞争力，也能够为学生的综合能力和就业竞争力的提升提供有力支持。因此，高职院校应该重视实习实训基地的资源优化，加强对实习实训基地的管理和运营，不断推动产教融合实践发展和创新。

（三）资源共享与优化的效果

在高职院校实习实训基地建设中，通过资源共享与优化，可以提高实习实训基地的教学效果和服务质量。

资源共享的效果体现在教育资源的充分利用上。高职院校实习实训基地可以通过共享各种教学设备、实验室以及专业实训场地，实现资源的充分利用。例如，不同专业的学生可以共同使用同一实验室设备，减少资源闲置浪费的情况，最大限度地提高资源利用效率。

资源共享还可以促进师资队伍的优化。高职院校往往拥有丰富的教师资源，但每个专业实习实训基地所需的师资力量并不相同。通过资源共享，优质的教师资源可以得到更合理的调配，保证每个基地都有相对齐全的师资力量，从而提高教学质量。

资源共享还有助于提升实习实训基地的教学管理水平。不同基地之间可以进行资源共享的经验交流和管理模式的借鉴。通过共享成功的管理经验，实习实训基地可以吸取先进的管理理念和方法，从而优化自身的管理模式。这样能够提高基地的整体教学管理水平，保证学生在实习实训过程中能够得到更好的指导和服务。

资源共享还能够为高职院校实习实训基地带来更多的合作机会。资源共享能够促进不同基地之间的合作和交流，提高合作机会的频率和质量。通过合作，基地可以互通有无，共同开展一些大型的实践项目，扩大实训基地的影响力和知名度。这样能够吸引更多的企业参与到实习实训基地的建设中，提供更丰富的资源支持。

资源共享与优化对于高职院校实习实训基地的发展具有重要意义。通过资源共享，实习实训基地可以最大限度地利用教育资源，提高教学效果和服务质量。同时，通过资源优化，可以实现师资队伍的优化和教学管理水平的提升。此外，资源共享还能够为基地带来更多的合作机会，进一步推动实习实训基地的发展。因此，在实习实训基地的建设中，应关注资源共享与优化的效果，不断推动基地的发展和完善。

第五章　高职院校产教融合的创新模式

第一节　校企合作人才培养模式

一、校企合作人才培养模式的概念

校企合作人才培养模式是指高职院校与企业紧密合作，共同培养适应社会需求的人才的一种创新教育模式。校企合作人才培养模式强调学校与企业之间的密切合作与互动，通过将实践环节纳入教学计划，使学生能够在真实的工作环境中进行实际操作和实践训练，培养解决实际问题的能力和专业素养。

在校企合作人才培养模式中，高职院校与企业之间建立了紧密的合作关系。双方除了开展教学合作外，还进行了师资共建、教材研发、实训基地建设等多层次、多方面的合作。通过与企业的深度合作，高职院校能够更好地了解企业对人才的要求，及时调整培养目标和教学内容，使学生的培养实际与企业需求紧密连接。

该模式的核心是以企业需求为导向，将企业真实的工作环境融入到课程中，使学生在课堂学习的基础上能够更好地掌握实际操作、应用技能。这种基于企业实际需求的培养可以有效地提高学生的综合素质和实际应用能力，使其毕业后能够适应企业的工作要求。

校企合作人才培养模式下，高职院校与企业密切合作，共同制定人才培养计划，并共同承担教育培养任务。通过校企合作，学校方面能够提供专业课程和实践教学平台，企业方面能够提供实习机会和真实的职业环境。这种合作关系使得校企双方能够充分发挥各自的优势，共同培养出适应企业需求的高素质人才。

校企合作人才培养模式是产教融合理念在实践中的具体体现。通过校企合作的方式，学校能够了解企业的需求，及时调整和改进人才培养方案，使得培养出的学生更加符合实际岗位的要求。同时，企业也能够参与到人才培养的全过程中，提供实际的指导和反馈，促使教育内容和方法的不断更新与创新。

在校企合作人才培养模式的实施过程中，双方需要保持密切的沟通与合作。学校方面要通过与企业的对接，了解行业的需求和趋势，根据这些信息进行教学计划的调整和更新。同时，学校还要积极引入企业专业人士作为兼职教师或参与教学，从而使教学内容更加贴近实际并具有一定的前瞻性。企业方面要及时提供实习、实训的机会，为学生提供真实的职业体验，从而帮助他们更好地融入工作环境。此外，企业还可以与学校共同开展项目研究或创新项目，培养学生的创新能力和团队合作精神。

总的来说，校企合作人才培养模式是高职院校产教融合创新的一个重要体现。通过校企合作，学校与企业能够共同培养出适应现代产业发展需求的高素质人才。校企之间的互动与合作是实现这一目标的关键。只有通过双方的密切沟通和合作，才能够不断优化人才培养方案，让教育与产业更好地结合起来，为社会和经济发展做出更大的贡献。

二、校企合作人才培养模式的类型

（一）项目合作型校企合作人才培养模式

项目合作型校企合作人才培养模式，作为一种重要的校企合作方式，以具体的项目为依托，通过学校和企业之间的合作，共同开展人才培养活动。该模式的具体实施方式是，学校和企业根据共同的需求和目标，在特定的领域或专业方向上进行合作，共同设计并实施一项或多项项目。

项目合作型校企合作人才培养模式的特点在于，学生在参与项目的过程中能够更深入地了解相关实际运作，并通过实际操作和解决问题的过程中锻炼自己的能力。这种实践性的模式可以使学生更加直观地认识到专业知识在实际工作中的应用，提高他们解决实际问题的能力和适应工作环境的能力。

在此模式下，学校和企业共同负责项目的组织和管理，并合作制定项目的目标、任务和计划。学生在参与项目之前，需要进行必要的培训和准备工作，确保能够胜任项目工作。同时，学生在项目过程中也会得到相关专业教师和企业导师的指导和辅导，以保证他们的学习效果和项目任务的完成质量。

项目合作型校企合作人才培养模式具有以下优势。一方面，它能够将学校和企业的资源相互结合起来，更好地满足社会人才需求。通过项目合作，学校能够提供学科知识和理论基础的培养，而企业则能够提供实践平台和工作机会，使学生在实际工作中不断提升自己的能力。另一方面，该模式有助于学生的职业发展。通过参与项目，学生能够了解职业需求和职业发展方向，对自己的未来职业规划有更明确的认识。

为了保证项目合作型校企合作人才培养模式的顺利实施，以下几点需要注意。第一，学校和企业需要建立良好的沟通渠道和合作机制，确保信息的畅通和项目的有效实施。第二，需要明确项目的目标和任务，并制定详细的计划和时间表。第三，学校和企业还需要制定相应的评估和监控机制，对项目的实施过程和效果进行评估和反馈，确保项目的质量和效果。

（二）订单培养型校企合作人才培养模式

订单培养型校企合作人才培养模式是指高职院校与企业之间建立起紧密的合作关系，企业根据自身的实际需求，提出一定数量的订单，高职院校依照订单的要求进行人才培养。订单培养型模式的实施过程，首要的是根据企业需求，明确人才培养的目标和要求。高职院校深入了解企业的业务特点、技术需求和岗位要求，为人才培养的规划提供依据。

接着，高职院校与企业共同设计培养方案。双方合作制定出详细的课程设置、教学计划，安排实践环节，确保人才培养与企业实际需求的紧密对接。这样的合作方式，有效地提高了培养方案的针对性和实用性，使学生能够获得符合市场需要的专业技能和实践经验。

订单培养型校企合作人才培养模式强调学校与企业的密切互动。高职院校负责组织和开展理论教学、实践指导等教学活动，而企业则提供实习、实训、实践基地等实践机会。学生通过在企业的实践学习，能够更好地了解企业的运作机制，熟悉实践工作流程，提升自身的实践能力和解决问题的能力。

订单培养型模式的优势在于它能够有效地满足企业对人才的具体需求。企业提出的人才培养订单通常是根据市场需求和岗位要求制定的，因此培养出来的人才能够更好地适应企业的实际工作需求，减少了企业在招聘和培养过程中的成本和风险。

订单培养型模式还能够加强学校与企业之间的合作关系，促进校企交流与协作。通过密切的合作，学校能够更好地了解企业的需求和发展趋势，调整教学内容和方法，使培养方案更具前瞻性和适应性。企业也能够与高职院校紧密合作，共同培养符合自身需求的高素质人才。

订单培养型是高职院校校企合作人才培养模式中的一种重要类型。它能够将学校的教学资源与企业的需求充分结合起来，使人才培养更加定制化和精细化。通过订单培养型校企合作人才培养模式，高职院校能够更好地培养出适应企业需求的高素质人才，推动产教融合的创新发展。

三、校企合作人才培养模式的优势

（一）优化教学资源的配置

校企合作人才培养模式的一大优势在于能够有效优化教学资源的配置。高职院校传统的人才培养模式往往面临着资源分散、利用率不高等问题，而校企合作的模式能够解决这一问题，实现资源的合理配置和高效利用。

第一，通过与企业合作，学校能够利用企业丰富的实践场所和实验设备，提供给学生实践教学的机会。例如，学生可以在合作企业的实验室、工厂或项目现场进行实地考察和实践操作，亲身体验实际工作情况。这不仅能够让学生接触到最新最前沿的技术和设备，还能够增强学生的实践能力和动手能力，提高他们在实际工作中的适应性和应用能力。

第二，校企合作模式还能够拓宽学生的学习资源渠道。通过与企业开展产学研合作，学校能够获取到企业的专业知识、技术经验和实践案例等宝贵资源，为学生提供更加丰富多样的学习材料和案例。这种学习资源的多元化可以帮助学生更好地了解行业发展动态、学习行业最新技术和方法，并将其运用到实际工作中。

第三，校企合作模式还能够提供丰富的实践教学师资资源。合作企业通常会派遣专业人员来校指导学生的实践教学，他们既具备理论知识，又有丰富的实践经验。这些专业人员可以为学生提供高质量的实践指导和专业培训，帮助学生更好地掌握实用技能，提高他们的综合素质和就业竞争力。

总之，校企合作人才培养模式能优化教学资源的配置，为学生提供了更加丰富多元的学习和实践环境。这种模式不仅能够提高学生的实践能力和就业竞争力，还能够为学校的教学提供新的路径和方向，促进高职院校产教融合的创新发展。

（二）提高教育教学的质量

首先，在校企合作人才培养模式下，通过与企业的紧密合作，高职院校可以充分了解企业的需求和行业动态，及时调整和更新教学内容和教学方法，从而确保教育教学与实际需求紧密契合。

其次，在校企合作人才培养模式下，高职院校能将教师与企业专业技术人员组成团队，共同承担教学任务。教师和企业专业技术人员可以相互交流、相互学习，从而提升教学质量。教师可以借鉴企业先进的管理经验和专业知识，将之融入到教学中，使学生能够学到最新、最实用的知识。

再次，校企合作还可以提供实践基地和实践机会，让学生能够在真实的工作环境中进行实训实践。这样一来，学生不仅能够将课堂上学到的理论知识应用到实际中，还能够培养解决实际问题和适应工作环境的能力，提高他们的综合素质和实践能力。

最后，校企合作人才培养模式还注重培养学生的创新思维和实践能力。高职院校通过与企业合作，开设创新项目和实践课程，鼓励学生参与创新研究和实际项目。这不仅可以激发学生的创新潜能和创造力，还可以在实践中提升学生解决问题的能力和思维方式。

校企合作人才培养模式通过优化教学资源的配置、提高教育教学的质量、提升学生的就业竞争力和加强企业的创新能力等方面的努力，有效提高了教育教学的质量。这种模式的实施使得高职院校能够更好地服务于社会经济发展的需要，培养出更加符合市场需求、具备实践能力和创新精神的复合型人才。

（三）提升学生的就业竞争力

校企合作人才培养模式对于提升学生的就业竞争力具有重要意义。其一，通过与企业的紧密合作，学生能够更加深入地了解企业的需求和市场趋势。他们有机会参与实际项目，接触真实的工作环境，并获得与实际岗位需求相匹配的培训和技能提升机会。这种实践性的学习体验使学生能够更好地适应就业市场的要求，增强了他们的就业竞争力。

其二，校企合作人才培养模式提供了学生与企业互动的机会。在学习过程中，学生可以与企业的职业人士进行交流和合作。他们可以向企业职员请教问题，了解行业的最新动态以及就职所需的技能和知识。这种与企业的互动不仅拓宽了学生的专业视野，还可以建立起与企业职员之间的合作关系。这些合作关系在毕业后的就业中起到了积极的作用，因为学生可以借助这些关系展示自己的才能，并获取就业机会。

其三，校企合作人才培养模式还注重培养学生的实践能力和创新精神。学生参与实际项目，不仅能够锻炼解决问题的能力，还能培养团队合作意识和创新思维。这些能力和品质是企业所青睐的，对于提高学生的就业竞争力有积极作用。

校企合作人才培养模式能够提升学生的就业竞争力。通过与企业的紧密合作，学生能够深入了解行业需求、获得实践经验和技能提升机会，与企业职业人士建立合作关系，并培养实践能力和创新精神。这些因素综合起来，使得学生在就业市场中具备更强的竞争力，更有能力应对复杂多变的职业环境。校企合作人才培养模式为学生的职业发展打下了坚实的基础，并为其未来的就业和职业发展提供了广阔的机遇。

（四）增强企业的创新能力

校企合作人才培养模式的一项重要优势在于能够有效增强企业的创新能力。校企合作为学生提供了与真实企业环境接触的机会，使得学生能够亲身体验企业的运营和管理，与企业员工共同面对和解决实际业务问题。通过与企业的密切合作，学生能够深入了解企业的需求和挑战，实现创新发展。

1. 学生为企业创新添力

合作企业往往具备丰富的创新资源和经验，通过与企业合作，学生有机会接触到企业的创新环节。学生能够参与到企业的研发和创新项目中，为项目的创新和研发提出新生代的观点。

2. 校企合作为企业注入了新鲜的思维和动力

在校企合作的过程中，学生带来了新鲜的思维和理念，他们对于问题的看法和解决方法往往与传统企业员工有所不同。这种不同视角和思维的碰撞，能够激发企业内部的创新潜力，推动企业在产品、技术、管理等方面的创新。

总的来说，校企合作人才培养模式能增强企业的创新能力，实现了学校和企业的互利共赢。学生在与企业的紧密合作中，培养出创新思维和创新能力，为企业提供新鲜的思维和理念碰撞。而企业通过与学校的合作，不仅能够得到创新的解决方案，还能够为自身的发展注入新的活力。因此，校企合作在加强企业的创新能力方面具有显著的优势和价值。

四、校企合作人才培养模式的实施

（一）制定有效的合作机制

在校企合作人才培养模式中，通过合理而高效的合作机制，学校与企业能够更好地协同工作，实现有序的人才培养过程。

1. 建立明确的合作目标

学校与企业应共同明确各自的培养目标，确保在合作过程中能够实现彼此需求和目标的契合。学校需要了解企业的用人需求，从而根据实际情况调整教学内容和培养计划，以培养与市场需求相符合的高素质人才。而企业则需要与学校就培养目标达成一致，积极参与人才培养过程，并提供专业的实训和实习机会，以增强学生的实践能力。

2. 建立清晰的沟通渠道

学校和企业应建立起定期沟通的机制，通过电话、会议、邮箱等途径进行信息交流和业务合作。沟通渠道的畅通有助于及时解决合作中的问题和难题，促进双方的理解和信任。为了更好地实现合作，学校和企业还可以建立联合工作组，由相关负责人组成，共同制定合作计划和行动方案，确保各项合作任务能够按时落实。

3. 建立合理的利益分配机制

学校和企业的合作是一种利益共享的关系，因此需要建立起公正、透明的利益分配机制，以确保双方的权益得到合理的保护。学校可以通过与企业签订协议或合同的方式，明确合作期限、合作内容和双方的权益分配方式，从而激励企业积极参与人才培养，同时保障学生的实践经验积累和学校的教学质量。

4. 建立完善的项目评估和反馈机制

学校和企业应共同制定评估标准，定期对合作项目和人才培养效果进行评估，并根据评估结果及时调整合作策略和方案。同时，双方也应开展有效的反馈机制，及时沟通关于合作项目的问题和建议，以不断优化合作模式、提升培养效果。

制定有效的合作机制是校企合作人才培养模式成功实施的关键。明确合作目标、建立沟通渠道、设计合理的利益分配机制和建立评估反馈机制，将有助于学校与企业形成良性互动，共同提升人才培养的质量与效益。

（二）校企合作参与教学

1. 强调实践教学的重要性

在教学过程中，学校应加强实践环节的设计和实施，使学生能够深度参与实际工作中的问题解决和项目实施。企业可以提供实际案例和项目，供学校和学生进行实践操作。通过这样的互动，学生的实践能力将得到锻炼和提升，使他们在毕业后能够更好地适应职场的要求。

2. 校企共同参与教学

教师在课堂上担任引导者的角色，引导学生提出问题、解决问题，激发他们的创新思维和实践能力。同时，企业也要积极参与师生互动的过程，提供专业技术指导和实际经验分享，为学生的学习和成长提供更多的支持。

校企合作人才培养模式可以更好地满足企业需求和市场变化，培养出适应社会发展的高素质人才。因此，在实施校企合作人才培养模式时，我们必须发挥校企双方在教学和人才培养中的优势，提升教学质量和效果。

（三）充分发挥企业的优势

在校企合作人才培养模式中，企业作为实际工作场所的代表，具有丰富的实践资源，能够为学生提供真实的职业环境和实际的工作任务，帮助他们更好地适应未来的职业生涯。因此，在实施校企合作人才培养模式时，应充分发挥企业的作用，让其参与到教学过程中。

学校和企业应建立起紧密的合作关系，确保在人才培养过程中企业能够发挥决策和管理的作用。学校要积极与企业沟通合作需求，了解行业的发展趋势和需求，进而调整教学内容和培养目标。企业也要积极参与教学，与学校的沟通，提出具体的需求，提供实践场景，帮助学校更好地理解企业的运作模式和用人需求。

企业应承担起指导学生实践的责任，提供实践教学师资支持和实践环境。在实施校企合作人才培养模式时，企业可以派出优秀的员工担任导师，指导学生进行实际的工作任务和项目实践。这样的指导不仅能够帮助学生将理论知识应用到实际中，还能培养学生的实际操作能力和解决问题的能力。企业也应提供必要的实践场所和设备，确保学生能够在真实的工作环境中进行实践，获得与实际工作相符的经验。

企业还可以提供行业案例和实际问题供学生讨论和解决。通过开展产学研合作项目、行业研究和实践训练，学生能够深入了解行业的实际情况和挑战，培养解决问题的能力和创新思维。企业的专家和经验人士也能为学生提供宝贵的指导和建议，帮助他们在学习中更好地理解行业知识和技能要求。

第二节　"双元制"模式

一、"双元制"模式的概念与特点

"双元制"模式是一种创新的产教融合模式，旨在通过学校和企业的合作，将理论教学与实践教学有机结合，以满足产业发展的需求，培养适应实际工作需求的人才。这一模式的核心理念是"产学一体化"，强调学校和企业之间的深度合作与密切联系。

"双元制"模式注重培养学生的实践能力。传统的教学模式往往过于理论化，缺乏实践的机会。而在"双元制"模式下，学生将能够参与到真实的产业项目中，亲身实践自己所学的知识与技能。这种实践经验不仅能够加深学生对知识的理解和应用，还能培养他们的团队合作能力。

"双元制"模式强调产学紧密结合。学校与企业之间的合作关系不再是简单的实习或就业，而是建立起一种持续的合作机制。学校与企业共同制定课程设置、实践项目，学生在学校学习和企业实践之间进行无缝切换。这种紧密结合的模式使得教学内容更加贴近产业的实际需求，学生的学习成果也能够更好地为企业所用。

另外，"双元制"模式还注重培养学生的创新能力和创业精神。学生在参与实践项目的过程中，会面临各种真实的问题和挑战，需要积极主动地寻找解决方案。这种实践过程有助于激发学生的创新思维和创业意识，为将来的就业和创业打下坚实的基础。

"双元制"模式作为一种创新的产教融合模式，在高职院校的应用已经取得了一定的成效。通过培养学生的实践能力、促进学校与企业的紧密合作以及强调创新创业教育，该模式能够更好地适应现代产业发展的需求，为学生的就业和创业提供有力支持。然而，为了更好地推进"双元制"模式的实施，我们需要不断探索和完善，解决存在的问题，以确保该模式能够产生更显著的效果和影响力。

二、"双元制"模式在高职院校的应用现状

现如今，"双元制"模式在高职院校产教融合创新中的应用正不断广泛，取得了显著的成效。

高职院校在应用"双元制"模式方面做出了积极的努力。他们与企业合作，共同打造实践基地，为学生提供实践机会。这不仅有助于学生培养实际操作能力，也为企业提供了专业人才。通过"双元制"模式的应用，高职院校的教学内容更加贴近实际需求，学生的就业能力和竞争力得到了提升。

高职院校在实施"双元制"模式时，充分发挥了企业在教学中的作用。他们邀请企业专家来校授课，为学生提供专业知识和实战经验。通过与企业的合作，学校可以及时了解到行业的最新动态和需求，并将其应用到教学中。这种实践教学的模式可以增强学生的实际操作能力，并提高他们的综合素质。

高职院校还积极开展产学结合的项目，积极转化学校的学术研究成果。他们与企业共同研究解决实际问题，推动科技成果转化和产业升级。这一模式的运行能够促进教学与产业的有机连接，为学生提供更多的实践机会和就业选择。

目前，高职院校在应用"双元制"模式时还面临一些局限性。一些学校与企业合作的程度不够紧密，导致教学内容与实际需求脱离。一些学校在实施"双元制"模式时，教师专业素质和实践经验较为匮乏，进一步限制了模式的发展。学校和企业之间的合作需要投入大量的人力、物力和财力，对于一些资源匮乏的学校来说可能会面临一定的挑战。学生在实践教学中可能会面临一定的安全风险，学校需要加强对实践环境和项目的监管和保障。"双元制"模式需要学校和企业之间高度的配合和沟通，如果合作关系出现问题，可能会对教学和实践产生不利影响。

高职院校在应用"双元制"模式方面取得了一定的进展，但仍然需要进一步完善

和深化。学校和企业需要加强合作，共同开展创新教育，以适应社会发展的需求。只有这样，才能更好地推动高职教育的发展，为学生的就业和行业的创新发展注入新的活力。

三、"双元制"模式的优势与局限性

1. "双元制"模式的优势

在高职院校中，采用"双元制"模式具有许多显著的优势。其一，该模式能够有效地促进学校与企业之间的紧密合作与交流。学校与企业的双向互动，使得教育资源与实践经验得以充分的结合，让学校培养出来的学生能够更好地适应就业市场的需求。

其二，"双元制"模式能够提升学生的职业素养和实践能力。通过与企业的合作实训、实习和项目合作等形式，学生能够接触到真实的工作环境，提前了解职业岗位的要求，从而培养实践技能和解决问题的能力。这种实践性教育不仅能够增加学生的就业竞争力，还能够为其日后的职业发展打下坚实的基础。

其三，"双元制"模式还能够促进产学研的深度融合。学校与企业之间的合作不再是简单的实习或合作项目，而是更加深入的知识成果推动技术创新。通过共同研发、技术创新和资源共享等方式，学校与企业能够充分发挥各自的优势，形成良性的互相促进的合作关系。

2. "双元制"模式的局限性

然而在"双元制"模式在实际应用中也面临一些挑战。

其一，学校与企业之间的合作难以达到真正的平衡与共赢。由于资源分配、利益分配等因素的影响，双方的关系可能出现不平衡状态，从而影响到合作的效果和可持续性。

其二，由于各个高职院校在实施"双元制"模式时存在差异，导致其实施的效果和质量也存在差异。有的学校可能在与企业的合作模式、合作项目等方面还需要进一步改进和提升，以保证教育教学的质量和与市场需求的紧密对接。

其三，"双元制"模式的实施还需要投入大量的资源和进行系统的教师培训。学校需要投入更多的人力、物力和财力来支持这一模式的实施，同时也需要培养更多具备产业工作背景和实践经验的教师，为学生提供更好的教育和指导。

只有充分认识并分析"双元制"模式的优势与局限性，才能更好地发挥其作用，促进高职院校产教融合的健康发展。同时，我们也应该不断探索改进，以提升"双元制"模式在高职教育中的实施质量。

第三节　"产学研训创"一体化模式

一、"产学研训创"一体化模式的内涵

"产学研训创"一体化模式作为高职院校产教融合的创新模式，其关键在于将产

业、学校、科研机构和培训机构有机地结合在一起，形成一个协同合作的创新生态系统。在这个模式中，产业不再是学校的外部合作对象，而是与学校共同参与创新的合作伙伴，促进了校企合作的深入发展。

"产学研训创"一体化模式将多方资源进行整合与共享。学校作为知识输出与人才培养的源泉，能够为产业提供创新的人力资源和创新的思想观念。科研机构则具备先进的科研设备和专业技术人员，能够为产业提供技术支持和创新方案。而培训机构则能够为企业提供人才培训的支持。通过将这几方拥有的资源进行整合，实现资源共享，可以实现产学研训的有机衔接，推动创新的形成和转化。

"产学研训创"一体化模式的实施以产业发展的需求和问题为导向。在这个模式中，学校与产业合作的目的是为了解决产业发展中面临的问题和挑战。通过与产业紧密合作，学校能够更好地了解产业的需求，根据实际问题开展研究和创新活动，为产业提供解决方案和技术支持。学校也能够将实际问题带回教学中，培养学生的实践能力和解决问题的能力。

"产学研训创"一体化模式重视创新创业教育的实践。在这个模式下，学校将创新创业教育融入到产学研训的整个过程中。通过创新创业教育，学生能够更好地理解创新的意义和价值，同时培养创新创业的能力和精神。在与产业的合作中，学生能够深入了解产业发展的需求，并通过实践活动将自己的创新创业想法转化为切实可行的项目。

"产学研训创"一体化模式的实施为高职院校的产教融合创新打开了新的思路，也为高职院校培养具有创新创业能力的人才提供了重要的支持。但在实践中，仍然存在一些问题和挑战，需要继续研究和探索。

二、"产学研训创"一体化模式在高职院校的实践探索

在高职院校中，"产学研训创"一体化模式的实践探索主要有以下几个方面。

高职院校通过与企业和社会的深度合作，建立了稳定的产学研训创平台。院校与企业之间建立了紧密的合作关系，共同制定了课程设置、实训计划和学生实践项目。在这个平台上，学生可以通过参与实践项目、实习和实训等形式，深入了解企业的运作模式，锻炼实践能力。

高职院校积极创新教学方法，提升学生的实践能力。为了适应"产学研训创"一体化模式的要求，高职院校更重视教学方法的创新。教师也积极探索新的教学方法，与企业合作，为学生提供更贴近实际的培训和指导。

高职院校还注重培养学生的创新意识和创业能力。在"产学研训创"一体化模式的引领下，高职院校重视培养学生的创新创业精神。通过开展创新创业教育，学生可以在实践中体验创业过程，了解创新创业的难点和挑战。学校还积极搭建创新创业平

台，为学生提供创业实践的机会和资源支持。

"产学研训创"一体化模式在高职院校得到了积极的实践探索，为学生的综合素质提升和创新创业能力的培养做出了重要贡献。然而，我们仍然需要在合作机制和评价体系上进行进一步完善和改进，为"产学研训创"一体化模式的落地和持续发展提供更好的支持和保障。

三、"产学研训创"一体化模式的实施效果及其存在的问题

在高职院校中，实施"产学研训创"一体化模式已经取得了一定的教学成效。一方面，通过与企业深度合作，学生能够更好地理解实际工作环境和行业需求，从而提高了就业竞争力。例如，在实习期间，学生可以将所学知识应用到实际生产中，并学习到实践中的技能和经验。

另一方面，实施"产学研训创"一体化模式培养了学生的创新能力和实践能力。通过与企业的合作，学生可以参与到真实的项目中，解决实际问题，培养了他们解决问题的能力和创新思维。学生还能在实验室和科研项目中参与科学研究，提高科学素养和研究能力。这种全方位的培养，使得学生能够更好地适应社会的需求。

在高职院校实施"产学研训创"一体化模式过程中，也存在一些问题。其一，高职院校与企业合作的程度不够深入，导致实践教学的内容和方式仍然存在一定程度的脱节。学生在企业实习期间，可能只是扮演着一种劳动力的角色，而缺乏真正的学习和成长。这说明高职院校需要进一步加强与企业的合作，建立更加紧密的产学研训创合作关系。

其二，部分高职院校在实施"产学研训创"一体化模式时，教师的专业素养和教学方法也需要进一步提高。教师不仅需要具备扎实的学科知识，还需要具备丰富的实践经验和创新能力，才能更好地指导学生参与实践和创新活动。因此，高职院校需要加强教师的培训和专业发展，提高他们的能力水平。

其三，实施"产学研训创"一体化模式还需要解决学生实践环境的问题。有些高职院校的实践环境条件相对较差，无法提供学生所需的实践资源和设备。因此，高职院校需要投入更多的资源，改善实践环境条件，为学生提供更好的实践学习和实验条件，以促进他们的全面发展。

实施"产学研训创"一体化模式在高职院校的实施效果是明显的，但同时也面临着一些问题和挑战。学校和企业需要进一步加强合作，教师需要提高专业能力，学校需要改善实践环境，以促进"产学研训创"一体化模式的精准落地。只有通过持续的努力和改进，才能更好地培养出符合社会需求的高素质人才。

四、"产学研训创"一体化模式的实践

目前，高职院校积极与先进制造企业合作，推行"产学研训创"一体化模式，取

得了显著成果。以某知名汽车制造企业与某高职院校的合作为例，其合作模式主要包括嵌入式实习、学生项目实践、科研合作和人才培养等方面。

该合作通过在企业内设立嵌入式实习基地，让学生深度融入企业生产环境，参与到实际工作中。学生在实习期间不仅能够学习到专业知识和技能，更重要的是培养了实际操作能力和团队协作能力。

学生项目实践是该合作模式的另一个重要组成部分。企业提供实际的项目课题，让学生在导师的引领下解决实际问题。通过这种方式，学生能够将所学知识应用到实际项目中，提高了学习的实效性。企业也能够借助学生的智慧和创新能力解决一些难题，促进了企业的创新发展。

科研合作也是该合作模式的重要组成部分。企业与高职院校共同开展科研项目，通过共享资源和前沿技术，加强了双方在科研领域的合作与交流。这种合作模式不仅推动了科技创新，也为学生提供了更多科研实践的机会，培养了创新思维和科研能力。

该案例中，企业注重人才培养，为学生提供了较多实践的机会。企业与高职院校根据企业需求共同培养了复合型、应用型人才。双方建立了人才交流机制，实现了学校与企业之间的无缝对接。因此，此次高职院校与先进制造企业之间的"产学研训创"一体化合作在人才培养、科技创新等方面取得了显著成效，不仅推动了高职院校的教学改革与创新，也为企业的发展注入了新的动力。未来，应进一步加强"产学研训创"合作，营造更加良好的创新创业环境，为经济发展做出更大贡献。

参考文献

[1] 黎鲲. 高职院校产教融合模式及其评价机制 [M]. 西安：陕西人民教育出版社，2022.

[2] 赵熹. 高职院校产教融合的研究与实践 [M]. 西安：西北大学出版社，2022.

[3] 王培松. 产教融合视域下高职教学管理理论与实践研究 [M]. 长春：吉林科学技术出版社，2021.

[4] 曾三军，王永祥，范琳副. 高职院校产教融合研究与实践 [M]. 广州：暨南大学出版社，2022.

[5] 鲁武霞，沈琳. 混合所有制"共享工厂"高职产教融合的新模式 [M]. 南京：河海大学出版社，2021.

[6] 钱志芳. 高职院校产教融合实践与创新研究 [M]. 长春：吉林教育出版社，2020.

[7] 谢露静. 职业教育产教融合理论与实践研究 [M]. 成都：西南财经大学出版社，2020.

[8] 祝木伟，毛帅，赵琛. 产教融合型实训基地建设与评价研究 [M]. 徐州：中国矿业大学出版社，2020.

[9] 蒋新革. 新时代高职产教融合路径研究 [M]. 广州：中山大学出版社，2021.

[10] 黄立. 产教融合背景下高职院校"双师型"教师团队建设研究 [M]. 长春：吉林人民出版社，2020.

[11] 卢立红. 新时代高职院校产教融合策略与实践研究 [M]. 北京：北京工业大学出版社，2019.

[12] 罗惜静. 高职院校产教融合发展与创新管理研究 [M]. 北京：中国纺织出版社，2019.

[13] 童兴无. 高职院校产教融合研究 [M]. 北京：北京工业大学出版社，2019.

[14] 王钰. 高职院校产教融合体系建设 [M]. 长春：吉林大学出版社，2019.

[15] 黄艳. 产教融合的研究与实践 [M]. 北京：北京理工大学出版社，2019.